COLEÇÃO

INTERAÇÕES

Interações:
diálogos com as inquietações dos educadores da primeira infância

Blucher

COLEÇÃO

INTERAÇÕES

Clélia Cortez

Interações:
diálogos com as inquietações dos educadores da primeira infância

Josca Ailine Baroukh
COORDENADORA

Maria Cristina Carapeto Lavrador Alves
ORGANIZADORA

Interações: diálogos com as inquietações
dos educadores da primeira infância
© 2012 Clélia Cortez
2ª reimpressão – 2019
Editora Edgard Blücher Ltda.

Capa: Alba Mancini

Foto: Imagem cedida pela Escola Criarte – SP

Blucher

Rua Pedroso Alvarenga, 1245, 4º andar
04531-012 – São Paulo – SP – Brasil
Tel 55 11 3078-5366
contato@blucher.com.br
www.blucher.com.br

Segundo Novo Acordo Ortográfico, conforme 5. ed.
do *Vocabulário Ortográfico da Língua Portuguesa*,
Academia Brasileira de Letras, março de 2009.

É proibida a reprodução total ou parcial por quaisquer
meios, sem autorização escrita da Editora.

Todos os direitos reservados pela Editora
Edgard Blücher Ltda.

FICHA CATALOGRÁFICA

Cortez, Clélia
    Interações: diálogo com as inquietações dos
educadores da primeira infância / Clélia Cortez;
Josca Ailine Baroukh, coordenadora; Maria Cristina
Carapeto Lavrador Alves, organizadora. – São Paulo:
Blucher, 2012. – (Coleção InterAções)

    Bibliografia
    ISBN 978-85-212-0671-2

    1. Crianças – Livros e leitura 2. Educação de crianças
3. Prática de ensino 4. Professores – Formação. I. Baroukh,
Josca Ailine. II. Alves, Maria Cristina Carapeto Lavrador.
III. Título. IV. Série

12-03808   CDD-370.71

Índices para catálogo sistemático:
1. Educação infantil: Formação de professores:
Educação   370.71

Para
Rudá, Cairê e Safira,
presenças especiais em minha vida.

Nota sobre a autora

Clélia Cortez é graduada em Pedagogia pela PUC-SP. Atuou como professora de Ensino Fundamental e Educação Infantil nas redes pública e privada na cidade de São Paulo e iniciou sua experiência com formação de professores no ano 2000. Atualmente é orientadora educacional de uma escola da rede privada voltada para as crianças de 0 a 3 anos e é Coordenadora do Programa Formar em Rede/Educação Infantil do Instituto Avisa Lá em São Paulo.

Agradecimentos

Às crianças, que não só me inspiraram como contribuíram com desenhos e pensamentos.

Às educadoras que preencheram este livro com suas vozes, inquietações e reflexões.

À Maria Dalva Lopes de Sousa e ao Centro de Educação Infantil Padre Pedro Ballint pelas ricas contribuições de imagens.

À Escola Criarte, por compartilhar imagens significativas das experiências das crianças.

Ao Instituto Avisa Lá, Escola Vera Cruz e Creche Central da USP, por inspirarem permanentemente as minhas ideias e experiências.

Aos meus queridos amigos que contribuíram com palavras e ideias para a composição dos textos.

Apresentação

Educar é interagir, é agir **com o outro**, o que acarreta necessariamente a transformação dos sujeitos envolvidos na convivência. Foi essa a ideia que elegemos para nomear a coleção InterAções. Acreditamos que ensinar e aprender são ações de um processo de mão dupla entre sujeitos, que só terá significado e valor quando alunos e professores estiverem questionando, refletindo, refazendo, ouvindo, falando, agindo, observando, acolhendo e crescendo juntos.

Com base nessa premissa, convidamos autores e professores. Professores que conhecem o chão da sala de aula, que passam pelas angústias das escolhas para qualificar as aprendizagens das crianças, seus alunos. Professores que, em sua grande maioria, também são coordenadores de formação de grupos de professores, conversam com professores e, portanto, conhecem o que os aflige.

A esses autores, pedimos que estabelecessem um diálogo escrito sobre temas inquietantes em suas áreas de atuação. Temas que geram muitas dúvidas sobre o que, como e quando ensinar e avaliar. Temas recorrentes que, se abordados do ponto de vista de novos paradigmas educacionais, podem contribuir para a ação, reflexão e inovação das práticas de professores da Educação Infantil e do Ensino Fundamental I.

Apresentamos nesta coleção situações de interação entre professores e crianças: exemplos, sugestões pedagógicas e reflexões. Pontos de partida para o professor repensar sua prática e proporcionar a seus alunos oportunidades de se sentirem e serem protagonistas de suas aprendizagens. Acreditamos que é importante o professor questionar sua rotina e construir um olhar apurado sobre as relações cotidianas. Estranhar o natural estimula a criatividade, a inovação, o agir. E, assim, é possível ir além do que já se propôs no ensino desses temas até o momento.

Nosso intuito é compartilhar as descobertas geradas pelo movimento de pesquisa, reflexão e organização do conhecimento na escrita dos autores. E proporcionar ao professor leitor a experiência de um "olhar estrangeiro", de viajante que se deslumbra com tudo e que guarda em sua memória os momentos marcantes, que passam a fazer parte dele. Queremos animar em nosso leitor a escuta atenta e estimular suas competências técnicas, estéticas, éticas e políticas, como tão bem explica Terezinha Azeredo Rios.

Em meio às dificuldades de ser professor na contemporaneidade, os profissionais da educação persistem na criação de planejamentos e ações que promovam as aprendizagens de seus alunos. Aos desafios, eles apresentam opções e são criativos. É para esses profissionais, professores brasileiros, e para seus alunos, que dedicamos nossa coleção.

Boa leitura!

Josca Ailine Baroukh

Sumário

Introdução 13

1   **Educadoras: quem são, de onde vêm, e sua relação com as perguntas** 15

2   **O olhar sobre a criança** 31
    Um ambiente que valoriza a voz da criança 34
    Relação cuidar e educar 38
    Referências para novas indagações e pesquisas 42

3   **Tempo, espaço e a construção de um ambiente de aprendizagem** 45
    Rotina: uma reflexão sobre o tempo 45
    Um pouco de reflexão sobre a interação dos pequenos com a leitura 60
    Algumas indagações sobre o brincar 72

4   **Uma ideia de criança, muitas ideias para brincar: concepções e possibilidades dos Cantos de Atividades Diversificadas – Juliana Guerreiro Lichy** 79
    Escolhas: dizer quem sou – direito, caminhos possíveis – diversidade 83

Tempos diversos nos cantos diversificados................. 85

Inter-Agir: as interações nos cantos diversificados 87

Inspirações: algumas ideias para os Cantos de
Atividades Diversificadas... 88

**5 Projetos e sequências de atividades:
outra forma de organização do tempo**................. 107

A distinção entre projetos e atividades...................... 109

A importância dos registros 113

**6 Alguns modelos de sequências de atividades
e projetos: o que é importante considerar
para promover aprendizagens**.............................. 123

Sequência de atividades.. 123

Sequência de atividades: Brincadeiras na área
externa (1 a 2 anos) 130

Registro de brincadeiras 135

Sequência de atividade: Projeto Leitura de poemas
para crianças pequenas 138

Sequência de atividades de leitura............................. 143

7 Conclusão: um convite à ação.............................. 151

Referências bibliográficas.. 155

Anexos... 159

Introdução

> As indagações
> A resposta certa não importa nada: o essencial
> é que as perguntas estejam certas.
>
> *Mário Quintana*

Os educadores, permanentemente, deparam-se com inquietações ao desenvolver seus trabalhos com as crianças. Mesmo que, em alguns casos, escolham pautar as suas ações em rotas rigorosamente definidas, em determinados momentos – os que se preocupam com o desenvolvimento das aprendizagens de seus alunos –, questionam-se sobre algumas de suas decisões e buscam novas conexões para o desenvolvimento de suas práticas.

O conceito de diálogo pressupõe entendimento por meio da palavra, da comunicação, da troca de ideias sobre conceitos e experiências. Diálogo é uma palavra que vai e vem, que abre espaço para a escuta e a solução de problemas. Dialogar com os educadores é um ato investigativo, suas dúvidas revelam pensamentos, angústias e frustrações que nascem do dia a dia com as crianças. Interagir com essas dúvidas pode ser o ponto de partida para novas perguntas e, nesse ciclo de indagações, as práticas podem ser, aos poucos, ampliadas, ressignificadas e transformadas.

Foi pensando nisso que resolvi colher perguntas de alguns educadores do Brasil – a maioria pertencente à rede pública – e dialogar a partir dos desafios e interrogações presentes no cotidiano da ação educativa. As perguntas abordam assuntos variados, mas a perspectiva de uma criança sensível, criativa e potente estará presente o tempo todo. Na conversa, tentarei contextualizar essas perguntas e relacionar os encaminhamentos da prática com alguns pressupostos teóricos.

As respostas não terão o caráter de prescrição, ao contrário, o intuito é ajudar a pensar sobre as lacunas existentes e buscar complementações que contribuam com novas referências para o planejamento e a prática de ações; o objetivo é abrir novos horizontes sobre as práticas e tornar a pergunta um pressuposto para a ação. Portanto, qualquer pergunta, aqui, vale a pena, seja ela elaborada por educadores experientes ou iniciantes.

Tentarei, nesse processo de interlocução, aprofundar uma concepção de educação, aprendizagem, e de função social da escola, e, sobretudo, uma concepção da criança como uma protagonista, que está inserida em um contexto de diversidade e interação.

Espero que você, prezado leitor, se identifique com algumas perguntas, e que as reflexões que nascerão a partir destas venham a dissipar novas inquietações e evidenciem algumas referências para o planejamento e para novas ações com as crianças. ■

1 Educadoras: quem são, de onde vêm, e sua relação com as perguntas

Sou Rosely Petri Sarmento, faço parte da equipe técnica da Secretaria Municipal da cidade de Ariquemes – RO. O nome da cidade de Ariquemes provém do povo indígena Ahopovo da etnia Arikem que significa *Povo do Rio*, assim chamado por outros grupos indígenas por habitarem as margens do Jamari, principal rio da cidade.

Eu integro a gerência da Educação Infantil, sou formadora local do Programa Formar em Rede, do Instituto Avisa Lá, em São Paulo, e tenho tentado movimentar a formação do meu município com perguntas.

"Para que servem as perguntas?" Eis uma boa pergunta...

Você já percebeu que uma pergunta gera outras perguntas? Ou melhor, as respostas não se bastam, pois, mais cedo ou mais tarde, as afirmações geram indagações. Na verdade, não existem verdades absolutas e cristalizadas, vivemos em um mundo mutável.

Não por capricho, mas nós humanos só conseguimos dialogar com o mundo, as pessoas e as coisas, a partir da dúvida, e, quando encontramos as respostas, não nos bastamos e, assim, nascem novas perguntas. Bom, pelo menos é assim que funciona comigo, e tenho observado isso na maioria das pessoas. Observem... os inventos e engenhocas não são como os seus protótipos. Assim é a vida e todas as minhas pequenas ou grandes conquistas partiram de algumas perguntas e inquietações. Algumas aparentemente tolas, porém, não menos importantes, pois todas me levaram a alguma descoberta ou realização.

E por falar em perguntas, as crianças são boas "fazedoras" de perguntas. Às vezes, penso que tomaram chá de pó de pirlim-pimpim – pois sua imaginação vai longe, voa muito e alto – ou engoliram uma daquelas pílulas falantes da Emília. Só Monteiro Lobato para nos contar!

E não é só isso: para tudo apresentam respostas plausíveis; na verdade, elas perguntam para pesquisar, constatar, para saber mais, pois, no fundo, possuem conhecimentos prévios, os quais parecem natos, e, de algum modo, desejam contrapor o real e o imaginário. Mas não se enganem, a "obviedade" nem sempre vence ou convence os pequenos, eles têm um jeito próprio de interagir e se comunicar com o mundo e suas indagações expressam um desses modos.

Confesso que algumas de suas respostas me deixam estupefata, quanto às perguntas... mais ainda. Esses dias, Ana Clara, minha sobrinha de três anos, perguntou-me: "em qual lugar do céu Deus mora?". Afinal seus pais dizem que é lá que ele fica. Mas o céu é tão grande, com tantas coisas, lua, sol, estrelas, cometas, planetas... Em qual desses lugares é a casa de Deus? E para não bastar: "quando é que ele sai de casa?". Ufa! Eu também não sei, não tenho respostas pontuais, como as crianças gostam, e, explicar a onipresença e a onisciência de Deus, conforme a filosofia cristã, não é nada fácil. Isso se dá porque ora infantilizamos as respostas, ora consideramos as crianças muito pequenas para compreender coisas que, do nosso ponto de vista são muito complexas. Confesso que, de todas as perguntas de Ana Clara, essa foi a mais difícil para mim, mas acho que me saí bem, embora ela ainda questione: "quando é que ele sai de casa?". Ana Clara é muito curiosa; como a maioria das crianças, quer constatar os fatos, pois sua imaginação insiste em lhe dizer que existe uma casa no céu que é só de Deus... Ela adora me fazer perguntas e eu adoro passar horas tentando respondê-las.

Alguns adultos subestimam a capacidade das crianças e acham que elas se contentam com qualquer resposta. Eles não estão preparados para suas perguntas e nem se esforçam. Na verdade, não têm respostas e não estão dispostos a encontrá-las, pois estão muito ocupados! Provavelmente, quando criança, não obtiveram respostas para suas perguntas e, como uma perpetuação, acabam dizendo: "Não sei", "É assim e pronto...", "Agora estou ocupado...".

Como Einstein afirmou: "brincar é a mais elevada forma de pesquisa", assim, fico pensando que a capacidade imaginativa, de investigação e pesquisa vai se dissipando ao passo que perdemos a capacidade lúdica. Quando deixamos de brincar, enfim, deixamos de ser crianças, de perguntar, pois gente grande não pode fazer qualquer pergunta, gente grande deve ser séria... É uma pena! Pois as perguntas não movem apenas o mundo, movem a própria vida e as pessoas. Fazem-nos crescer e ir longe, muito longe... como o pó de pirlimpimpim".

Quando tínhamos todas as respostas,
mudaram as perguntas.

Frase recolhida de um muro de Quito por Eduardo Galeano.

Sou Domingas Pereira da Silva, moro no município de Taboão da Serra, São Paulo. Minha cidade é composta por pessoas de diferentes origens, a população desde seus primórdios mesclou-se com facilidade com o migrante e o imigrante, fazendo, dessa mistura cultural, a base de seu desenvolvimento. Ao longo dos seus 20 km², o município reescreve, a cada dia, sua história nesse grande caleidoscópio de relações humanas.

Sou professora da rede estadual há 21 anos, e de Taboão da Serra há 11. Trabalho na Secretaria de Educação de Taboão da Serra há seis anos. Fiz parte da Equipe de Formação durante quatro anos e, atualmente, integro a Equipe de Supervisão e sou responsável por nove Unidades Escolares: duas EMEFs – *Escola Municipal de Ensino Fundamental* –; uma EMEB – *Escola Municipal de Educação Básica* –; três EMI – *Escola Municipal de Educação Infantil e três* PAC – *escolas que são de programa de atendimento à criança.*

Bom, a pergunta na minha vida...

Dependendo do contexto, às vezes é difícil perguntar. Na informalidade com os amigos, é tranquilo, diferente das situações formais que causam insegurança, pois, nelas, podemos revelar saberes e não saberes sobre o assunto em questão. Porém, acredito que, na dúvida entre fazer uma pergunta ou não, é melhor que se faça, pois minha dúvida pode ser a mesma de outro e, às vezes, uma pergunta que parece ser "boba" pode provocar reflexões e tirar a dúvida de alguns que estão inseridos no contexto e que, muitas vezes, não perguntam. Percebo também que dificilmente perguntamos sobre algo em relação ao qual nada conhecemos, até porque, para elaborarmos uma boa pergunta, é preciso ter um conhecimento anterior sobre o que se pretende perguntar.

Sou Kézia Duarte de Souza Galvão, de Teixeira de Freitas na Bahia, uma jovem cidade que, com apenas 26 anos de emancipação, possui aproximadamente 140.000 habitantes, sendo considerada a maior do extremo sul da Bahia. Teixeira de Freitas localiza-se próxima às cidades da Costa das Baleias e a pouco mais de 200 km da Costa do Descobrimento. Destaca-se pelo comércio forte e desenvolvido.

Desde 2005, atuo como coordenadora do Núcleo de Educação Infantil da Secretaria Municipal de Educação. Minha relação com essa modalidade se iniciou quando assumi a coordenação de duas pré-escolas do Município em 2004 e, desde então, tenho me dedicado ao aperfeiçoamento nessa área. Como coordenadora do Núcleo, desenvolvo ações de formação, envolvendo os gestores das instituições de Educação Infantil que visam instrumentalizar esses profissionais para que promovam práticas significativas que, de fato, atendam as necessidades e interesses das crianças pequenas.

As perguntas... As perguntas nos mobilizam, nos desafiam a ir em busca de respostas. A vida parece sem brilho quando tudo acontece como planejado, quando não há novos caminhos a percorrer, quando sabemos o que fazer em cada situação.

O que impulsiona o desenvolvimento da criança, desde seu nascimento, é exatamente o fato de que o mundo se constitui para ela como um grande desafio. Por que então não pensarmos em um processo educativo que leve em conta esse estado de constante descoberta das crianças? Por que não partir de suas interrogações? Por que não contribuir para que continuem investigando sempre? Essas são boas questões sobre as quais podemos pensar.

SÃO PAULO - SP

Sou Márcia Sebastião, moro em São Paulo, Capital, e tenho formação em Magistério e bacharelado em Ciências Sociais pela Universidade de São Paulo. Trabalho há 23 anos com Educação Infantil na Creche/Pré-escola Central–USP com crianças de 0 a 6 anos, e há 9 anos em escola municipal de educação infantil da Prefeitura de São Paulo, com crianças de 4 a 6 anos.

No meu cotidiano, percebo que as perguntas são constantes e geram ações em busca de boas respostas e soluções. E, muitas vezes, as soluções geram mudanças superficiais ou profundas na nossa vida. As perguntas transitam em todos os campos da nossa existência, o campo familiar, profissional, social, econômico, político, religioso e afetivo. Por meio das perguntas, questionamos nossas condutas, escolhas, entendimento do mundo e sociedade em que vivemos. As perguntas revelam, para mim e para o outro, o meu jeito de compreender o mundo e o modo de inserção na vida.

A dúvida pode gerar a busca por respostas e nos impulsiona a procurar, em várias frentes de pesquisa. Então, conversar com amigos e familiares; conversar com profissionais da área pesquisada; fazer buscas em hemerotecas, bibliotecas, museus e internet ampliam o nosso campo de discussão, nossas trocas de informações e nosso entendimento; proporcionam o nosso amadurecimento, ao nos permitir perceber nossa ignorância em relação a um determinado tema, gerando a busca pelo conhecimento.

A dúvida gera desconforto e nos leva a buscar caminhos para uma maior consciência.

Atuando com crianças de 0 a 6 anos, pude perceber que, desde pequeninos, a ação de perguntar já está presente. Primeiro, de nossa parte, como professores, perguntamos sobre alimentação, saúde, brincadeiras, músicas, histórias, artes, passeios, projetos...

"Quer mais comida?"

"Por que está chorando?"

"Vamos passear na floresta enquanto seu lobo não vem?"

"Qual música vamos cantar agora?"

Vivenciei, recentemente, a experiência de empréstimo de livros com crianças de dois anos de idade. Na devolução dos livros, era formada uma roda e perguntávamos às crianças quem tinha lido a história para eles. A resposta sempre era "o papai" ou "a mamãe", mas nos surpreendemos com crianças respondendo no final do semestre "eu" (ela mesma). E quando fizemos comentários sobre os livros, as crianças indicaram, por meio de palavras e gestos, as partes das quais mais gostaram.

Com crianças maiores, as rodas de conversa, de histórias e de pesquisa sobre um tema são riquíssimas. Ouvir o que o outro sabe sobre o assunto em questão, confrontar com o seu próprio saber e questionar, enriquece as argumentações, amplia o vocabulário e o conhecimento de si e do outro. Amplia o respeito pelo outro, pelo tempo de esperar para falar e ouvir para conhecer outros pontos de vista.

Questiono muito a minha fala com as crianças, pois elaborar boas perguntas para contribuir com o crescimento delas é um ponto importante que não podemos perder de vista. São necessárias boas perguntas que as levem a pensar, trocar ideias, refletir e expressar suas opiniões, e não somente responder sim ou não.

Sou Maria Claudia Perna da Silva, moro em São Paulo e sou formada em pedagogia. Participei do Profa – Programa de Professores Alfabetizadores –, como professora referência e trabalho como professora de Educação Infantil na prefeitura da cidade de São Paulo, há 7 anos, e na Creche e Pré-Escola Central da USP, há 18 anos.

Quando sou questionada a respeito de minha prática envolvo-me em um desafio porque, além de pensar em uma boa resposta, tenho de ser coerente com o que faço, devo avaliar meu trabalho, meu papel social, se meus estudos estão suficientes, se estou atualizada, enfim, vem à tona uma série de questões como se tivesse uma pulga atrás de minha orelha, que me desequilibra e me empurra a caminhar novamente.

Quando a questão é direcionada à relação que tenho com a criança, vêm-me outras questões. Será que tenho um ouvido apurado para escutar tudo que meus alunos estão me dizendo, pedindo ou criticando? Será que sou sensível a esses seres tão pequenos e tão cheios de particularidades?

Quando tenho de escrever falas das crianças que acompanho, às vezes, percebo que elas estão longe de mim porque preciso retomar diálogos e ações que vivenciamos, e isso não é nada fácil. Mas sei que pode ser um novo passo para minha pesquisa, para o meu olhar.

Meu nome é Maria Dalva Lopes de Sousa, sou natural do Estado do Piauí, tenho 48 anos e moro em São Paulo há 26 anos. Atualmente, estou exercendo a função de professora Nível 1 – Educação Infantil. Gosto muito do que faço e tenho curiosidade e vontade de aprender cada vez mais para poder desenvolver um trabalho de qualidade com os pequeninos. Trabalho com crianças na faixa etária de três anos, no Centro de Educação Infantil Padre Pedro Ballint, pertencente ao Unas – União de Núcleos Associações e Sociedades de Moradores de Heliópolis e São João Clímaco. Heliópolis está instalada em uma área de 1 milhão de m^2, tem uma população de, aproximadamente, 120 mil habitantes, sendo considerada a maior favela de São Paulo e a segunda maior da América Latina. O CEI ao qual pertenço atende 126 crianças de 0 a 3 anos e 11 meses.

As perguntas em minha vida estão relacionadas com a questão da curiosidade e da vontade de aprender. Geralmente, por meio da inquietação, surgem as dúvidas. Por meio de uma boa dúvida pode ser gerado um debate que irá abrir um leque de conhecimento e aprendizagem que poderá beneficiar muitas pessoas porque, eventualmente, a dúvida de uma pode ser a mesma de várias outras pessoas.

Quando abordamos a pergunta na relação com as crianças, acredito que seja consequência da curiosidade delas e o professor precisa estar atento a seus questionamentos. Mas uma inquietação, muitas vezes, toma conta de mim: dependendo da situação, será que realmente respondo as perguntas de acordo com a necessidade de cada um?

SÃO PAULO - SP

Meu nome é Olindina Maria Ferreira da Cunha, trabalho em São Paulo e sou educadora da Creche e Pré-Escola Central da Universidade de S. Paulo, há 11 anos, onde pude apurar minha visão em relação às crianças de 0 a 5 anos. Recentemente, venho desenvolvendo também trabalho com crianças do Ensino Fundamental I, em uma escola particular de São Paulo.

Há pouco tempo, um respeitado meio de comunicação veiculou várias campanhas com o seguinte slogan: "Não são as respostas que movem o mundo, são as perguntas!".

A dúvida é uma questão essencial para a humanidade, pois ela nos impulsiona, nos faz caminhar em direção ao verdadeiro conhecimento. É uma forma de conhecimento inicial que gera um percurso investigativo muito importante para despertar interesses na busca de novas ideias. Por meio dela, podemos nos encantar com o mundo, o fato é que, depois de sermos tocados e atravessados por essa inexorável experiência, não poderemos voltar a ser o que éramos.

Essa questão faz parte da prática do professor que procura aprimorar seu olhar, sua escuta e está atento para o que de mais potente borbulha em seu grupo. Ela nos desloca, nos faz refletir, e avaliar de forma a criar possibilidades e desdobramentos adequados a cada momento e movimento de um determinado agrupamento.

Vendo sob essa ótica, não teríamos como seguir em frente, pois, ao nos colocarmos no lugar da certeza, estaríamos, sem dúvida, imobilizados diante das situações que nos são apresentadas.

Ora, uma criança é um ser encantado por natureza! Ela se encanta com o mundo e as coisas que a rodeia. Podemos observar que, grande parte do tempo, elas perguntam, pesquisam, são curiosas. Por que o sol nasce? Por que chove? Por que o céu tem nuvens? Esses são apenas alguns exemplos da curiosidade intrinsecamente infantil. Isso nos revela que todo conhecimento relevante chega a uma pessoa por meio de uma dúvida e não de uma certeza, daí ela ocupar um lugar de destaque em nossas vidas.

Sem as perguntas, não haveria busca, não haveria conhecimento de fato. Penso que nosso papel como educadores está diretamente ligado a esta natureza investigativa e, mais ainda, na intermediação da busca das crianças por respostas e novas perguntas.

Sou Leusa de Melo Secchi, professora da Rede Municipal de Ensino de Campo Grande, capital do Estado de Mato Grosso do Sul, região conhecida pelas belezas naturais do Pantanal. Atualmente, exerço a função de técnica da Secretaria Municipal de Educação de Campo Grande, na Coordenadoria de Educação Infantil. Na Reme – Rede Municipal de Ensino, além de acompanhar o trabalho pedagógico nas instituições educativas que atuam com crianças de 0 a 5 anos (escolas e centros de educação infantil), também realizo encontros sistemáticos de formação com os professores da Educação Infantil. A rede municipal de Campo Grande, atualmente, conta com 73 escolas que possuem turmas de Educação Infantil e 96 Centros de Educação Infantil. Como professora e também formadora de professores de Educação Infantil na Secretaria Municipal de Educação e na Universidade, tenho buscado questões significativas, que possibilitem aproximar a produção acadêmica dos contextos institucionais (creches e pré-escolas). As questões, as dúvidas, as perguntas que faço ou que aparecem nos espaços de Educação Infantil e nos encontros de formação com professoras – alunas, companheiras de trabalho – mobilizam o diálogo, ampliam e tecem as conversas sobre a multiplicidade das práticas e saberes que emergem diariamente no cotidiano da educação das crianças. Enfim, potencializam minha formação, fundamentando a relação com o conhecimento.

Diante do desafio de escrever sobre isso, fiquei pensando que as perguntas que faço não são só minhas, elas também são questões dos que convivem comigo: das professoras, dos meus alunos, das minhas amigas de trabalho, das crianças, ou seja, elas são marcas deixadas pela presença do outro em minha vida. Muitos educadores certamente se reconhecerão nas questões e indagações formuladas neste livro, pois elas são manifestações objetivas do que parece subjetivo e que deve ser enfrentado na educação das crianças pequenas.

A dúvida, as angústias e os desafios convertem-se em força vital, na medida em que mobilizam e provocam a busca cada vez mais intensa de significado do que faço e realizo para e com as crianças. As questões que surgem no diálogo com outros educadores e com as crianças me desafiam a compreender a prática pela sustentação teórica aprofundada, socializada, desvelada e permanentemente ampliada.

Quem, ao conviver e viver com crianças pequenas, não se deparou com variadas e infinitas perguntas? As indagações das crianças possibilitam estreitar os vínculos, legitimar a interação, a troca, a curiosidade e a linguagem, pois ouvi-las e dialogar com suas vozes, manifestadas nos modos diferentes de compreenderem o mundo, significa reconhecer a expressão infantil como um direito de cidadania. Nas suas manifestações e expressões de dúvidas, e também de muitas certezas, as crianças evidenciam desejo, esperança, estranheza, energia, sabedoria e indagações sobre o que vivenciam nas instituições educativas, elas nos revelam os porquês e para quês das coisas. Mas perguntar também é preciso! Pois as perguntas dos educadores para as crianças também servem para ampliar suas vozes. ■

2 O olhar sobre a criança

Desenho de Clara Vignola de Carvalho, 4 anos

Exercícios de ser criança

No aeroporto o menino perguntou:
— E se o avião tropicar num passarinho?
O pai ficou torto e não respondeu.
O menino perguntou de novo:
— E se o avião tropicar num passarinho triste?
A mãe teve ternuras e pensou:
Será que os absurdos não são as maiores virtudes
Da poesia?
Será que os despropósitos não são mais carregados
De poesia do que o bom senso?
Ao sair do sufoco o pai refletiu:
Com certeza, a liberdade e a poesia a gente aprende com
As crianças.
E ficou sendo.

Manoel de Barros

Criança diz cada coisa, não é mesmo? Às vezes, provoca risos, outras, indiferença ou dúvidas, mas há vezes – e será nisto que vou me sustentar para escrever este livro – que gera uma boa surpresa, encantamento, por evidenciar tanta potência para pensar o mundo ao seu redor. Nas palavras que, por vezes, parecem desconexas, há muito pensamento e, mesmo que ainda não apresente um discurso totalmente claro, os gestos, expressões e olhares revelam, de forma bastante singular e integrada, o que pensa e sente.

Escolhi iniciar com o poema de Manoel de Barros porque é com essa ideia que tentarei traçar os percursos de ação da criança no decorrer dos capítulos deste livro. Que "absurdos" são estes ditos pela criança que a aproxima tão bem da poesia? Pergunta-nos por que o dia é claro e a noite é escura, como a chuva cai do céu, as diferenças entre os seres... Pergunta-nos sobre a existência humana, de onde vem, para onde vai...

A proximidade da criança com a poesia está justamente nessa alma curiosa, nessa sensibilidade de olhar para as coisas e encontrar novas referências para olhar. Há uma entrega para ler o que, às vezes, não está dito e nem posto.

Esse canal aberto que capta percepções variadas, integra entendimentos e significados de forma singular e se fundamenta na relação que a criança estabelece com a cultura. Para conhecer, a criança atribui sentidos próprios às coisas, e em uma ampla rede de conexões, constrói sínteses provisórias de como enxerga a vida. Vive um processo de composição constante de experiências e, para ampliá-lo, sente a necessidade de se comunicar, seja por meio de palavras, gestos, olhares ou ações.

Nos capítulos a seguir, a criança será protagonista de um processo narrativo, ou seja, será colocada como sujeito ativo, inserida em problematizações oriundas da própria experiência. No diálogo com as perguntas dos educadores, tentarei evidenciar o significado e as implicações de uma ação que considera o levantamento e a confrontação de hipóteses, a busca por soluções e respostas singulares para os problemas colocados, e uma postura favorecedora à construção de conhecimentos, em um contexto de diversidade e interação.

Ouvir, observar a criança e aprofundar os conhecimentos teóricos que articulam concepções são pontos essenciais para que possamos aprender com a própria criança e enxergá-la como produtora de cultura.

O que você gosta de aprender?

Gosto de aprender a desenhar a galinha dos ovos de ouro, gosto de desenhar a minha mãe, gosto de ajudar a minha irmã arrumar a casa.

Desenho de Marcos Vinícius Meirelles da Silva, 4 anos

Se é domingo, para ficar com a minha mãe e o meu pai.

Desenhos de Marcos Vinícius Meirelles da Silva, 4 anos.

Um ambiente que valoriza a voz da criança

Maria Cláudia N. P. da Silva: Trabalhar com crianças pequenas requer uma avaliação a todo momento de minha prática, ideais e princípios. Pensando nisso, a atividade, como a assembleia, permite que as crianças, em seu contexto escolar, possam pensar sobre o que acontece à sua volta, desenvolver um papel social, discutir preferências, defendê-las e usufruir o que conquistou. Até que ponto essa atividade ajuda a criança a compreender sua rotina, as regras, seu mundo, e até que ponto minha postura como parceira mais experiente ajuda ou compromete nesse aprendizado? Será possível defender seu interesse de criança no mundo dos adultos se esses souberem valorizar a importância dessa prática no futuro dos pequenos! Mas também sei que é difícil conseguir desenvolver uma boa discussão e permitir que as crianças sejam realmente as autoras de suas vontades.

É muito bom iniciar esta conversa com sua questão, pois ela aponta uma perspectiva que hoje muitos valorizam e desejam na Educação Infantil: a criança potente, que possui voz e pensamento próprio.

A criança afeta e é afetada pelo que acontece ao seu redor, é protagonista da cultura e influencia seu tempo e espaço. Isso se contrapõe a uma concepção de infância que submete a criança a ações de controle e compromete seu processo de desenvolvimento da autonomia e construção da identidade. Contrapõe-se também a uma ideia de que a criança não possui condições para pensar sobre o que acontece no mundo que a envolve; é ingênua e, quando tiver o máximo de experiência acumulada, poderá viver experiências mais desafiadoras.

A prática de assembleias ou mesmo as rodas de conversa – em seu sentido mais verdadeiro, em que a palavra pressupõe diálogo: falar e escutar; conversar é versar com, falar com o outro – são espaços de interlocução que podem dar voz à criança e oportunidades para a expressão de opiniões, como você mesma menciona: "permite que as crianças, em seu contexto escolar, possam pensar sobre o que acontece à sua volta e desenvolver um papel social, discutir preferências, defendê-las e usufruir o que conquistou". Além disso, há um movimento, um processo metacognitivo que possibilita ao sujeito tomar consciência de suas ações. Não se trata de uma mudança periférica, mas interna, na qual o sujeito pode perceber, nesse processo, quais sentidos foram atribuídos e quais transformações ocorreram.

Sabemos que é um desafio para o adulto não impor suas vontades diante das encruzilhadas de vozes em uma situação como uma assembleia. Ser um parceiro que ajuda nessa experiência é justamente acolher as diversas formas de escuta (as próprias reuniões de assembleias, as conversas em pequenos grupos, o registro de opiniões em cartazes nas paredes da escola etc.) e procurar assumir o ponto de vista da criança para compreender seu pensamento. Antes da tomada de decisão sobre um assunto em pauta, há que se explorar as hipóteses que levantam, administrar as confrontações que emergem na relação com os seus pares.

Você, como parceira mais experiente, pode ajudar ao promover reflexões sobre as solicitações e escolhas feitas. Por exemplo, se em algum momento o grupo de crianças quer discutir as opções de alimentos oferecidas no cardápio da instituição e solicitar alterações que ferem os princípios nutricionais preconizados, em vez de proferir, de imediato, palavras sobre a importância de uma formação de hábitos alimentares saudáveis (e olha que hoje não nos faltam referências para os discursos), é importante que se ouça o porquê do pedido e o problematize. Uma possibilidade nesse caso é levantar, com as crianças, as opções que são oferecidas, e discutir com a nutricionista e cozinheiros como o cardápio pode ganhar diversidade, novos temperos e sabores, sem comprometer aquilo que a instituição propõe para a formação da criança. Cada grupo pode fazer uma pesquisa sobre os alimentos oferecidos para compreender também o que acontece com seu corpo quando são ingeridos esses alimentos.

Pode parecer um processo árduo, mas, para que a criança possa se sentir pertencente às decisões, protagonista de seu tempo e espaço, é importante que as conversas sejam levadas até as últimas consequências antes que uma decisão seja compartilhada. O professor, quando dá oportunidades para que a criança participe desse processo de decisão, deve ter clareza dos valores e princípios que balizam suas discussões. Escutar as crianças não significa acolher as vontades individuais, ora de uma, ora de outra. É importante sustentar-se em referenciais sólidos de um projeto educativo.

A experiência de assembleia é um exercício para a compreensão e respeito às diferenças, é uma possibilidade de tomada de consciência – mesmo que isso se estenda por toda Educação Infantil e demais anos da escolaridade – do significado da própria inserção em um ambiente coletivo democrático.

Ser referência da verdade, nesse caso, mesmo que isso possa, algumas vezes, gerar desagrados e frustrações, é a maior ajuda que pode ser oferecida para a criança. Ela construirá aos poucos, a noção de que aqueles que se responsabilizam por ela não se sustentam em cenários de hipocrisia, de enganação e se sentirá pertencente e segura diante das decisões que a envolvem. Apoiar-se na verdade e na escuta é a maior contribuição que você pode oferecer para as crianças.

Eu gosto de aprender a ler, escrever, pular corda. Quando eu não era aluna da Bethinha, eu estava muito curiosa para receber as aulas. (Bethinha é sua professora de Educação Corporal.)

Desenhos de Clara Vignola de Carvalho, 5 anos

Quando eu não sei as coisas que os outros falam, eu gosto de perguntar o que é.

Desenho de Clara Vignola de Carvalho, 5 anos.

Relação cuidar e educar

Kézia Duarte: Na creche, sempre nos inquietou o tempo ocupado pelas ações de cuidado com as crianças: alimentação, troca de fralda, banho e descanso. As demais atividades, que considerávamos pedagógicas, nos pareciam achatadas por esses momentos. A partir do que temos discutido na formação, sobre a imbricada relação entre cuidado e educação, chegamos à conclusão de que, na verdade, precisamos organizar esses momentos de modo que constituam situações de aprendizagem significativas, e que, para isso, é preciso evitar o "aligeiramento" das ações. Como organizar uma rotina que possibilite que as ações de cuidado citadas tenham o espaço que necessitam para que atendam aos seus objetivos, ao mesmo tempo em que seja garantido o desenvolvimento de propostas que explorem e promovam o desenvolvimento das diferentes linguagens?

Atualmente, alguns esforços e avanços são observados quando o assunto é a relação cuidar e educar nos contextos de Educação Infantil. Alguns profissionais[1] têm tratado disso para lidar com os desafios ainda existentes e é possível analisar que isso implica mudanças conceituais importantes, a começar pela própria formação dos educadores que, em sua maioria, não abordam a compreensão da criança em uma perspectiva de integração dessas ações.

Lembro-me que assim que me formei na universidade, em Pedagogia, já trabalhava em uma escola de Ensino Fundamental e ingressei como educadora na Creche/Pré-Escola Central da USP (Universidade de São Paulo). Deparei-me, logo nos primeiros dias, com a demanda necessária para quem se propõe trabalhar com as crianças pequenas: a troca, o acompanhamento das refeições e outras situações não relacionadas às "atividades pedagógicas". Nesse contexto não havia, e continua não havendo, por uma clareza de concepção, a separação daqueles que cuidam

---

[1] Como exemplo, temos Damaris Gomes Maranhão, que é uma pesquisadora bastante atuante nesse assunto e tem contribuído com referenciais teóricos e práticos importantes.

e dos que se responsabilizam pelas oportunidades de acesso e construção da cultura. A formação continuada me ajudou a tomar consciência de que cada ação e gesto destinado à criança já envolvia essa relação; compreendi que a fragmentação das ações dos profissionais só vem reforçar essa prática tão recorrente na Educação Infantil. Foi a partir dessa experiência que aprendi a olhar para a criança de forma integrada e transformar cada momento do dia em uma oportunidade de encontro e aprendizagem.

Para pensar sobre a organização de uma rotina que favoreça essa integração, comecemos pensando na palavra cuidado. O verbo cuidar origina-se do latim e é derivado de *cogitare*, que significa pensar no outro, supor e imaginar.

> "(...) em latim, donde se derivam as línguas latinas e o português, *cuidado* significa *Cura*. *Cura* é um dos sinônimos eruditos de cuidado, utilizado na tradução do famoso *Ser e tempo*, de Martin Heidegger. Em seu sentido mais antigo, *cura* se escrevia em latim *coera* e se usava em um contexto de relações humanas de amor e de amizade. Cura queria expressar a atitude de cuidado, de desvelo, de preocupação e de inquietação pelo objeto ou pela pessoa amada. Outros derivam *cuidado* de *cogitare-cogitatus* e de sua corruptela *coyedar, coidar, cuidar*. O sentido de *cogitare-cogitatus* é o mesmo de *cura*: *cogitar* e pensar no outro, colocar a atenção nele, mostrar interesse por ele e revelar uma atitude de desvelo, até de preocupação pelo outro. O cuidado somente surge quando a existência de alguém tem importância para mim. Passo, então, a me dedicar a ele; disponho-me a participar de seu destino, de suas buscas, de seus sofrimentos e de suas conquistas, enfim, de sua vida. *Cuidado* significa, então, desvelo, solicitude, diligência, zelo, atenção, bom trato. Trata-se, como se depreende, de uma atitude fundamental. Como dizíamos anteriormente, *cuidado* implica um modo-de-ser mediante o qual a pessoa sai de si e se centra no outro com desvelo e solicitude." (BOFF, 2005)

Diante dessa perspectiva de cuidado, que tem o olhar para o outro como pressuposto, as ações voltadas para a promoção da saúde, alimentação e hábitos de higiene são tão importantes quanto aquelas relacionadas ao trabalho com a linguagem oral e escrita, a matemática, o movimento e a música, dentre outras. Não há grau e sobreposição de importância. Em cada situação, a primazia é o encontro entre o adulto e a criança.

A sua preocupação, Kézia, é bastante compreensível, pois, por muito tempo, cuidar na Educação Infantil era um ato isolado e todas as ações – ora por pressão da família, ora pela própria falta de compreensão dos profissionais – ocupava quase o dia inteiro de permanência das crianças nas instituições. Tentarei tratar algumas especificidades da sua questão, mas, em primeiro lugar, é importante abordar o cuidado em uma dimensão mais ampla. Nas conversas com professores ou outros profissionais envolvidos com a formação, costumo dizer que o cuidado está presente em todas as ações educativas que envolvem o outro. Na creche, por exemplo, planejar a organização de um ambiente que garanta a saúde e a segurança das crianças e que, ao mesmo tempo, invista na proposição de desafios e possibilidades de interação e aprendizagem, é uma preocupação que revela formas de cuidado. No momento de uma leitura, arrumar o espaço com um tapete, almofadas, ler o livro com antecedência também são manifestações importantes de cuidado com o outro. Forrar as mesas e separar as tintas antes que uma atividade de pintura seja iniciada, atentar aos diferentes gestos e expressões da criança diante das situações que a envolvem, acolhê-la nos momentos de conflitos e medos, encorajá-la diante dos desafios propostos e avaliar os momentos em que já possui condições de enfrentá-los ou que requeiram uma ajuda são outros exemplos importantes de cuidado.

> "A atitude de cuidado por uma pessoa pode provocar preocupação, inquietação e sentido de responsabilidade por ela." (BOFF, 2005)

A ação de educar e cuidar corresponde a provocar inquietações nos modos de olhar a criança, é sair do "piloto automático" e criar condições para que ela se manifeste em todas as suas dimensões: física, social, afetiva, cognitiva e cultural. A preocupação com o outro é garantir a diversidade de experiências: o educador se envolve por inteiro ao acompanhar uma criança ao banheiro (promove diálogos, demonstra manifestações de afeto pelo olhar e outros gestos, desenvolve algumas ações, inicialmente junto à criança, para que ela adquira condições de cuidar sozinha do próprio corpo, depois de algum tempo), ou quando observa que aquela criança que brinca no tanque de areia ou na casinha apresenta sinais de desconforto térmico e a ajuda a tirar ou colocar o agasalho.

O mesmo envolvimento e cuidado deve existir ao planejar e colocar em ação a recepção e acolhimento no início do dia – com cantos de jogos, leitura, desenho, dentre outras ações – e contemplar, no decorrer da semana, outras experiências variadas, de forma a levar a criança a estabelecer novas conexões com o mundo.

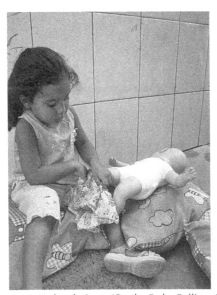 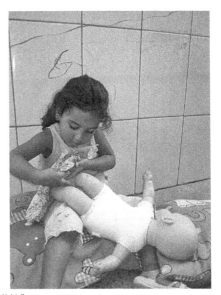

Fonte: Dalva de Sousa/Creche Padre Ballint - UNAS

Retomando o ponto central da sua questão, é importante que os educadores compreendam esses princípios e obtenham ajuda para que as práticas já existentes sejam ressignificadas e, aos poucos, transformadas. Além das atividades permanentes, ou seja, aquelas que devem ser garantidas com maior frequência na rotina – tais como a apresentação dos nomes (com as fotos, no caso dos pequenos que ainda não reconhecem o nome), as rodas de leitura, as rodas de conversa, a anotação do dia da semana no calendário –, há aquelas que se organizam em projetos ou sequências de atividades e podem envolver, de forma significativa, as diferentes linguagens.

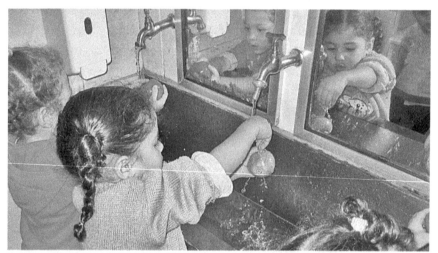

Fonte: Dalva de Sousa/CEI Padre Ballint - UNAS

Referências para novas indagações e pesquisas[2]

Artigos

MARANHÃO, D. G. *Reflexões sobre a participação do enfermeiro na creche*. Acta Paul. Enf. 1999; v. 12, n. 2, p. 35-46. Disponível em: <http://www.unifesp.br/denf/acta/1999/12_2/pdf/art4.pdf>. Acesso em: fevereiro de 2012.

---

[2] Pesquisa de referências bibliográficas feita por Flávia Levisky/Damaris Gomes Maranhão/Clélia Cortez e Elza Corsi para o projeto Formar em Rede/Gestão para Saúde/Instituto Avisa Lá – São Paulo. 2011.

MARANHÃO, D. G. O cuidado como elo entre a saúde e educação. **Cadernos de Pesquisa**, v. 111, p. 115-133, 2000. Disponível em: <http://www.scielo.br/pdf/cp/n111/n111a06.pdf>. Acesso em: fevereiro de 2012.

MARANHÃO, D. G. *Promoção à saúde em contexto de educação infantil.* In: **Educação em São Paulo**: contexto e protagonistas. *Anais do IV Congresso Municipal de Educação.* p. 140-142. 17 a 18 nov. 2005. São Paulo. Disponível em: <http://arqs. portaleducacao.prefeitura.sp.gov.br/publicacoes/IV_congresso. pdf>. Acesso em: fevereiro de 2012.

MARANHÃO, D. G.; SARTI, C. A. Creche e família: uma parceria necessária. **Cadernos de Pesquisa**, v. 38, n. 133, p. 171-194, 2008;. Disponível em: <http://www.scielo.br/pdf/cp/v38n133/ a08v38n133.pdf>. Acesso em: fevereiro de 2012.

MARANHÃO, D. G.; SARTI, C. A. Cuidado compartilhado: negociações entre famílias e profissionais em uma creche. **Interface: comunicação, saúde, educação**, v. 11, n. 22, p. 257-270, 2007. Disponível em: <http://www.scielo.br/pdf/icse/v11n22/06.pdf>. Acesso em: fevereiro de 2012.

ORIENTAÇÕES CURRICULARES – **Expectativas de Aprendizagens e Orientações Didáticas**. Disponível em: <http:// portalsme.prefeitura.sp.gov.br/Documentos/BibliPed/EdInfantil/ OrientaCurriculares_ExpectativasAprendizagens_%20Orienta-Didaticas.pdf>. Acesso em: fevereiro de 2012.

Textos do MEC para consulta pública – sobre orientações curriculares nacionais da educação infantil: "Saúde e bem estar das crianças: uma meta para educadores infantis em parceria com familiares e profissionais de saúde"- Damaris Gomes Maranhão. Disponível em: <http://portal.mec.gov.br/index.php?Itemid=109 6&id=15860&option=com_content&view=article>. Acesso em: fevereiro de 2012.

ZOBOLI, E. L. C. P. A redescoberta da ética do cuidado: o foco e a ênfase nas relações. **Rev. Esc. Enferm**. *USP*, v. 38, n. 1, p. 21-7, 2004. Disponível em: <http://www.ee.usp.br/reeusp/upload/ pdf/89.pdf>. Acesso em: fevereiro de 2012.

Livros

CARVALHO S. P.; KLISYS A.; AUGUSTO, S. (org.). **Bem-vindo, mundo!: criança, cultura e formação de educadores**. São Paulo: Peirópolis, 2006.

FALK J. **Educar os três primeiros anos**: a experiência de Lóczy. Araraquara: Junqueira e Marin, 2004. ■

3 Tempo, espaço e a construção de um ambiente de aprendizagem

Rotina: uma reflexão sobre o tempo

O tempo é um fio fino bastante frágil.
Um fio fino que à toa escapa.
O tempo é um fio.
Tecei! Tecei!
Rendas de bilro com gentileza.
Com mais empenho franças espessas.
Malhas e redes com mais astúcia.
O tempo é um fio que vale muito.
Franças espessas carregam frutos.
Malhas e redes apanham peixes.
O tempo é um fio por entre os dedos.
Escapa o fio, perdeu-se o tempo
Lá vai o tempo
como um farrapo
jogado à toa!
Mas ainda é tempo!
Soltai os potros aos quatro ventos,
mandai os servos de um polo ao outro,
vencei escarpas, dormi nas moitas,
voltai com tempo que já se foi...

Henriqueta Lisboa

Domingas Pereira da Silva: Tenho observado que os professores se preocupam em organizar, dentro de um semanário, a rotina da Educação Infantil nas diferentes áreas do conhecimento, mas, às vezes, percebo que é um desafio não se perder no tempo das atividades e deixar, muitas vezes, de cumprir parte do que se planejou. Como ajudá-los a organizar melhor o tempo dentro dessa rotina, principalmente para as crianças que ficam em período integral?

A gestão do tempo é um desafio com o qual todos os educadores se deparam diariamente. Não raro, ouvimos que o tempo não é suficiente, que o planejamento não ocorreu em virtude dos imprevistos do cotidiano, ou conforme o esperado, em razão de algo não previsto: uma pergunta que paralisou o processo de interação entre as crianças, o livro que não foi lido previamente ou que não era adequado para a forma de organização do espaço etc.

É importante pensar no significado que o tempo tem no projeto pedagógico da instituição; se o tempo visa apenas o cumprimento de conteúdos e tarefas, a tendência é sempre viver com a sensação de débito e de busca de sentido. No entanto, se o tempo é pensado como elemento integrante de cada momento da rotina, é possível atribuir mais sentido às ações e garantir maiores oportunidades de aprendizagens para as crianças.

Antes da organização desse tempo na ação do professor, é importante considerar que o tempo para aprender é contínuo. As crianças aprendem umas com as outras, nas brincadeiras, nos ambientes organizados pelos adultos ou por elas mesmas, nas situações previamente planejadas, nos momentos de refeição, nas trocas, nos olhares... Quando há espaço para a presença da criança, todo tempo é de aprender!

Há também a perspectiva do tempo de cada um, a expressão da singularidade de cada criança a partir de sua história e de seu contexto de vida. Nesse sentido, o tempo real, no qual se ampara o professor, deve também integrar a diversidade de tempos que existe dentro de cada criança: o tempo para ouvir uma pergunta, para se entregar a uma brincadeira, para formular perguntas em uma pesquisa, para se vincular... Quantas dimensões do tempo e quantas articulações existem para que, de fato, a criança construa sua identidade e encontre perspectivas de atuação no mundo!

O tempo, embora às vezes assuste por sua rapidez ou falta, na prática educativa, se bem vivido, com calma e profundidade, cria condições para que as experiências se fortaleçam, para que as conexões se ampliem e as aprendizagens sejam possíveis. A organização do tempo para aprender pressupõe diversidade. Portanto, o planejamento do educador deve, sim, contemplar diferentes campos de experiências: brincadeiras, música, movimento, oralidade, leitura, participação em situações de escrita etc., e essa diversidade deve ter regularidade para que as crianças adquiram familiaridade e se apropriem de determinados conhecimentos.

A diversidade pode ser garantida na ação do educador de diferentes maneiras e é importante que ele tenha autonomia para tomar decisões, pautado na reflexão sobre seu planejamento e na observação que realiza das crianças. O tempo é balizado por escolhas; se, em determinado momento, as crianças estão envolvidas em um projeto, o educador deve avaliar quais áreas podem se relacionar com o processo de pesquisa e o que pode ser priorizado em determinado período; com isso, a distribuição das propostas ganha flexibilidade no planejamento semanal.

Considerando que todo tempo é de aprender, é importante que nenhuma oportunidade seja desperdiçada. O momento em que as crianças ficam no espaço externo, por exemplo, pode ser usado para que vivam desafios motores, com circuitos ou objetos que ampliem as experiências corporais. As crianças podem também ter acesso à leitura em cantos previamente organizados, dentre tantas outras situações. A organização de espaços dentro e fora das salas dos grupos deve possibilitar a relação entre as crianças, dar mais oportunidades para que as aprendizagens aconteçam e para que aquilo que foi proposto pelo educador anteriormente possa ser revivido, experimentado novamente.

Quando o educador se põe a planejar aquilo que irá desenvolver no decorrer de uma semana deve considerar:

- *Momentos de situações coletivas*: cantos de atividades diversificadas, se possível, nos momentos de entrada e saída;

os momentos de parque, brincadeiras etc. Além das situações coletivas que devem existir em cada grupo, é importante garantir, na rotina, situações em que haja encontros entre faixas etárias diferentes. Diariamente, os espaços podem ser pensados para isso e, no decorrer da semana, pode haver um intercâmbio mais organizado. Os educadores de bebês, por exemplo, podem preparar uma leitura para receber as crianças de 4 anos.

- *Momentos planejados e supervisionados pelo professor*: por exemplo, a pesquisa de um assunto do projeto do grupo, um jogo de trilha, uma roda de conversa, uma situação de sequência de atividades de pintura ou desenho, uma leitura etc.

- *Momentos destinados aos cuidados físicos*: troca, alimentação, sono.

- *Momentos em que as crianças têm a oportunidade de inventar suas próprias atividades*: organizar uma casinha ou pneus no parque, por exemplo, sem a intervenção direta do educador. O educador, enquanto isso, deve-se colocar no papel de observador atento para ampliar as formas de ação com as crianças – não se trata de um momento para seu descanso.

Para gerenciar melhor esses momentos, o educador pode organizar as situações, considerando as seguintes modalidades:

Atividades permanentes: aquelas que exigem permanência e regularidade. Seguem alguns exemplos:

- *Os cantos de atividades diversificadas*: são muito favoráveis ao acolhimento, à despedida mais tranquila das famílias, ao movimento e à interação. Destinar, em média, 40 minutos diariamente para essa proposta é uma orientação importante. No caso de crianças que ficam 10, às vezes, 12 horas em uma instituição, garantir os cantos em outro momento do dia é uma alternativa interessante. No caso das crianças que chegam à instituição no momento em que o café está sendo servido, essa também é uma opção interessante para que não haja ociosidade e espera: enquanto alguns terminam outros podem se dirigir aos cantos para brincar.

- *Rodas de conversas*: também devem acontecer todos os dias. O educador deve planejar, previamente, muitas situações. Ao encerrar uma leitura, por exemplo, ele pode promover algumas conversas em torno da narrativa compartilhada, ou, então, após o término das brincadeiras, nos cantos de atividades diversificadas, ele pode conversar sobre as escolhas feitas, com quem brincaram no dia, o que puderam aprender etc. Essa é uma excelente oportunidade para revisitar o próprio pensamento, ouvir como os outros se relacionaram com os materiais e as propostas, e construir, muitas vezes, novas perguntas para outras experiências. O educador se responsabiliza por criar um ambiente de comunicação, de intercâmbios de ideias. A escuta é a essência; mesmo para aqueles que ainda não se expressam por meio da fala: o educador lê seus gestos e os convida ou os ajuda a revelar seus processos de pensamento.

- *Brincadeiras com brinquedos*: objetos que favoreçam a criação, tais como panos, garrafas, pneus etc.; brincadeiras de faz de conta e outras que ampliem as referências de textos da tradição oral brasileira ou de gestos. Criar rituais para encerrar uma situação e iniciar outra com brincadeiras cantadas é uma intervenção que ajuda na organização do educador e das próprias crianças no tempo e no espaço.

- *Rodas de histórias*: situações que contemplem tanto a leitura de variados textos, como o reconto oral de narrativas pautado na linguagem escrita.

Situações ocasionais: são propostas à medida que o educador avalia o sentido para as crianças e não necessariamente possuem uma relação com o que está sendo desenvolvido com o grupo. São exemplos: a leitura de uma reportagem interessante para as crianças, um vídeo a que o professor assistiu antes e pensou que o grupo iria apreciar, comentários sobre acontecimentos na cidade ou nacionais etc.

Sequência de atividades ou projetos: ambas as modalidades dão contexto e sentido às aprendizagens das crianças e são sustentadas por bons problemas a resolver. Essas possibilidades de intervenções ajudam tanto na organização do tempo do planejamento como no processo de aprendizagem das crianças. Quando há clareza na proposição, a relação entre as linguagens se torna possível e as conexões feitas pelas crianças se alargam.

Dessa forma, o tempo da criança na instituição não fica perdido. Não é à toa que, hoje, falamos tanto na Educação Infantil de atividades permanentes, sequências de atividades ou projetos; todas essas modalidades pressupõem o tempo vivido com sentido, o tempo com tempo para que a experiência seja significativa.

Nos Capítulos 5 e 6, essas modalidades serão novamente tratadas e outras reflexões e referências sobre o tempo estarão presentes.

O que você gosta de aprender?

"Gosto de aprender a escrever, ler, desenhar e pintar."

Pintura de Mariah Gonçalves de Paula, 5 anos.

"Gosto de perguntar se a minha planta está nascendo, como a borboleta nasce e como a abelha pica".

Pintura de Mariah Gonçalves de Paula, 5 anos.

Márcia Sebastião: Todos os dias na rotina de organização dos espaços externos conversamos entre nós educadores para decidirmos onde montar as propostas e quais materiais usar (estruturados e não estruturados). Sabemos que para além da ação de montar é importante que o educador se envolva no brincar com as crianças, porém, há dias, em que algumas possibilidades mostram-se limitadas. Como lidar com esse desafio para ampliar as aprendizagens das crianças?

Você faz um apontamento muito importante: a presença do educador para ampliar as experiências das crianças. Ao interagir com elas, você amplia as referências de brincadeiras, propõe perguntas para enriquecer pesquisas e repensa novas formas de intervenção. Essa é uma condição essencial do educador comprometido com a infância!

Podemos sempre aprender com a experiência da criança, portanto, quando se deparar com esse sentimento descrito em sua questão, vale se perguntar:

- Quais possibilidades de pesquisas essa proposta favoreceu para as crianças?

- Qual foi meu papel na interação com elas?

- Quais indícios surgiram, que me fizeram interpretar que a situação foi repetitiva ou restringiram as possibilidades de aprendizagens?

- O que aprendi com essa experiência que me ajudará a repensar a organização do espaço físico e as relações que se estabeleceram nesse espaço, entre as crianças, entre elas e os adultos e entre os próprios adultos?

A organização dos espaços e ambientes é um dos pilares do projeto pedagógico de uma instituição educativa, portanto, a forma como o espaço é planejado e composto revela uma concepção de criança e educação. A perspectiva na qual me sustentarei para dialogar com a sua pergunta é a que oferece condições para que o pensamento da infância se manifeste e desvele múltiplos significados.

As crianças imprimem suas marcas nos espaços e ambientes e as vivências geradas podem ampliar a capacidade de se relacionar, gerenciar emoções e informações. Para isso, é preciso que haja, por parte do educador, um estranhamento cotidiano que permita a proposição de novas experiências. Na interpretação das ações sobre os objetos, texturas, móveis, cores, volumes e distâncias que compõem os cenários, pode-se tecer uma nova trama de relações e contribuir com a construção de novos sentidos.

A escola da infância deve se organizar diariamente, de modo a privilegiar a transmissão da herança cultural e oferecer oportunidades para que as crianças recriem, reelaborem e ressignifiquem os conhecimentos aos quais têm acesso. Nesse sentido, faz-se necessário que o educador se responsabilize por elas colocando-se como um parceiro mais experiente, com intencionalidade educativa clara e com abertura para integrar a tudo isso a escuta de suas necessidades e desejos. Nessa relação, o educador é alguém que valoriza as experiências infantis, interage com as formas de construção e expressão da cultura pela criança e abre espaço para que novas redes de significações influenciem sua ação educativa.

Em cada ação planejada o educador deve pensar sobre as questões do seu objeto de estudo, buscar seu foco de intervenção e analisar o que a experiência de encontro com as crianças no ambiente permitiu aprender e o que ele ainda precisa conhecer e realizar. Com o intuito de refletir sobre uma perspectiva de planejamento flexível, tomemos, como exemplo, a brincadeira na areia, que geralmente é oferecida cotidianamente nas instituições de Educação Infantil. Se pensarmos apenas no espaço propriamente dito – os baldes, as pás e tantos outros objetos disponibilizados –, a primeira impressão pode ser de uma situação repetitiva, que gera as mesmas respostas por parte das crianças. Contudo, se apostarmos que um simples pote vazio pode convidar a criança a diferentes criações – um recipiente para tomar café, preparar um bolo, um avião que sobrevoa diferentes lugares, um animal que ganha vida – o cenário ganha outra dimensão; há um diálogo potente, uma comunicação da criança com o mundo por meio da sua própria experiência e daquelas que já observou ou observa no momento da brincadeira. Há a criação de um universo conectado com a cultura, com o conhecimento. Mediar, intervir nesse processo significa formular perguntas, esclarecer dúvidas, acolher os saberes construídos e possibilitar a estruturação de uma aprendizagem significativa e consistente.

Na reflexão sobre o planejamento e ação, o educador pode pensar:

- Quais ações estes objetos colocados no espaço favoreceram?
- Como a organização pensada possibilitou a diversidade de experiências?
- Houve imitação de gestos? Quais foram mais recorrentes?
- Quais narrativas foram criadas nesse ambiente?
- Como posso pensar na continuidade de experiências neste mesmo ambiente?

Fonte: Dalva de Sousa/Creche Padre Ballint - UNAS

Perguntar quais ações as crianças produzem nas brincadeiras que lhes asseguram o conhecimento de si, do outro e o pertencimento a um contexto histórico e cultural é um exercício que todo educador deve fazer constantemente.

Fonte: Dalva de Sousa/Creche Padre Ballint - UNAS

A flexibilidade do espaço é um ponto muito importante a ser considerado.Um mesmo solário, por exemplo, ora pode ser usado com uma proposta de desenho ou pintura, ora pode se transformar em um cenário repleto de desafios corporais para os pequenos. Outro aspecto que deve ser incorporado à prática é a organização dos materiais e brinquedos. Estes precisam sempre estar dispostos de forma acessível às crianças, permitindo sua visualização e o uso autônomo.

Algumas referências de composição dos espaços externos podem nortear e ampliar o planejamento do educador, com o propósito de inserir as crianças em experiências de imaginação e criação.

Organização do espaço externo

Espaços para a ação lúdica, para a transformação e a imaginação.

- Espaços para a ação do corpo.
- Espaços para as histórias.
- Espaços para as Artes.
- Espaços para as escolhas.
- Espaços para a escuta e apreciação musical.
- Espaços para os jogos corporais, de tabuleiro, de percurso etc.

No próximo capítulo há um conjunto variado de referências para o planejamento desses espaços. ■

Vea Vecchi[3] (2006) aborda uma perspectiva da dimensão estética que pode ajudar a ampliar esta reflexão:

---

[3] VECCHI, Vea. Estética y Aprendizaje (prefácio). IN: HOYUELOS, Alfredo. **La estética em el pensamiento y obra pedagógica de Loris Malaguzzi.** Barcelona: Octaedro, 2006. Tradução livre.

> "Creio que se trata de uma atitude cotidiana, uma relação empática e sensível com o meio, um fio que conecta e ata as coisas entre si, um ar que leva a preferir um gesto a outro, a selecionar um objeto, a eleger uma cor, um pensamento; escolhas nas quais se percebe harmonia, cuidado, prazer para mente e para os sentidos.
>
> A dimensão estética pressupõe um olhar que descobre, que admira e se emociona..."

O que leva à escolha cotidiana de alternativas de interação da criança com o espaço? O que a move? Essa dimensão estética integra pensamentos, processos internos e abre muitas brechas para conexões.

> "Trata-se de uma aspiração à beleza que encontramos em todos os povos e em todas as culturas atuais e passadas: o atendimento estético entendido e vivido como filtro de interpretação do mundo, como atitude ética, uma forma de pensamento que requer atendimento, graça e ironia, um enfoque mental que supera a simples aparência das coisas e que mostra aspectos e qualidades inesperadas e impensadas delas."

A interpretação do mundo começa nessa relação de empatia com o ambiente que acolhe, provoca, convida para a descoberta. A transposição desses pressupostos para a prática do educador não é uma tarefa simples, demanda a criação e o gerenciamento de uma equipe de formação que promova a reflexão permanente sobre os princípios declarados no projeto pedagógico da instituição, sobre o conjunto de experiências do currículo elaborado e sobre as práticas desenvolvidas de fato, sustentando-se em referenciais teóricos que colaborem com a constituição de ambientes de aprendizagens. Não há dúvidas de que a referência de bons modelos para o desenvolvimento de novas ações com criança seja importante, Aristóteles dizia que "o homem gosta de fazer imitações bem feitas da realidade e apreciar". No entanto, as referências só podem ser apreciadas se estiverem acompanhadas de reflexão, só assim pode haver a busca de inspiração para novas práticas. Apreciar significa "gostar de, admirar, prezar; avaliar, julgar".

A observação e documentação, seja em vídeo, fotografias ou relatos de experiências, e uma prática de formação reflexiva com os parceiros de trabalho são condições para que os ambientes ganhem mais vida e superem os níveis de superficialidade a que, às vezes, se submetem.

Por fim, essa organização do ambiente pressupõe a tomada de decisões constantes e uma postura aberta ao inesperado e ao inusitado. É um ambiente que carrega intencionalidade educativa e se abre para as diferentes formas de manifestação e elaboração do pensamento. Cada planejamento e proposição no espaço deve carregar o desafio dos encontros – um objeto que será compartilhado, disputado, trocado –, a criação de novos enredos, o convite a escolhas de lugares, de vozes ou silêncios, enfim, variadas formas de comunicação que se entrelaçam e fortalecem o processo de construção da identidade e o sentido de pertencimento a um tempo e a um lugar.

O que você gosta de aprender?

Eu gosto de brincar com meus amigos. Eu gosto de brincar com o tijolinho da escola que põe em cima.

Desenho de Larissa Almeida Carvalho, 3 anos.

Eu brinco de boneca... põe no colinho da mãe e balança assim. Eu troco a fralda e dou comidinha e mamadeira.

Desenho de Larissa Almeida Carvalho, 3 anos.

Olindina Maria Ferreira da Cunha: A criança bem pequena usa pouco a linguagem verbal, o que torna mais difícil para o educador compreender a forma como ela percebe o mundo e os outros. Considerando-se que o educador tem um papel fundamental na mediação da criança com o processo de conhecimento, como podemos apurar nosso olhar para ver se de fato conseguimos intervir neste processo? E como as situações de leitura podem contribuir com esta experiência?

Desde o momento em que nasce, a criança está imersa na linguagem e observa atentamente quando lhe dirigimos a palavra. Ao entrar em uma instituição educativa, um conjunto maior de vozes passa a integrar e compor sua vida: os pais que fazem perguntas aos educadores na sua presença, os educadores que apresentam histórias, narram experiências, cantam, brincam, gesticulam, traduzem choros, olhares etc. Nesse fluxo intenso de comunicação, a criança, como ser competente que é, capta tudo o que acontece ao seu redor e, aos poucos, amplia e encontra variadas formas de interação com os outros.

Sorrir diante de uma história lida ou contada, chorar quando se despede de seus pais no início do dia, apontar para o filtro de água, puxar a mão do adulto ou de outra criança e levá-los em direção a um objeto ou imagem de seu desejo... Essas e outras ações, que corriqueiramente presenciamos, revelam que, além da fala, há outras formas de comunicação com o mundo. Atentar-se para essa diversidade de expressões e interagir com os gestos, olhares, choros, silêncios, ritmos e outras manifestações das crianças são condições essenciais para o planejamento e o desenvolvimento das intervenções.

Atualmente, as pesquisas revelam que o desenvolvimento da fala depende do processo de interação social e das oportunidades de comunicação que são favorecidas para as crianças desde muito cedo. É por meio da expressão pela linguagem que o pensamento toma corpo e ajuda a criança a se identificar como pessoa e a colocar-se no mundo. Portanto, eleger a linguagem oral como conteúdo de trabalho para as crianças pequenas significa fazer do diálogo uma ação para o desenvolvimento e a aprendizagem. Implica planejar e realizar situações comunicativas que criem oportunidades de fala, escuta e compreensão da língua, de forma significativa.

Contextualizar as experiências em torno da fala é muito importante nesse processo. As conversas individuais e em grupo, as cantigas, as brincadeiras, os poemas, os brincos, as parlendas, entre outros textos orais, além de serem situações muito favoráveis para enriquecer as experiências com a linguagem verbal, costumam envolver as crianças. Quando o foco é a leitura feita pelo professor, é importante evidenciar, na ação cotidiana, a preparação prévia do ambiente e tudo o que ele pode gerar: o tom de voz, o ritmo e encadeamento das palavras ao ler ou contar uma história, a expressão dos olhares ou gestos para as diferentes passagens de uma narrativa etc. Ao ler e dialogar com as crianças, o educador deve escutar as falas produzidas e ser o interlocutor que faz perguntas e que, atento às respostas, interpreta e devolve às crianças as emissões reformuladas, de forma contextualizada. Não se trata de corrigir as falas produzidas, mas, construir sentido comunicativo para qualquer que seja a palavra anunciada.

Em uma situação de leitura, por exemplo, o educador pode avaliar sua ação com base em algumas indagações:

- Como as crianças interagiram com a narrativa escolhida?
- De que maneira as crianças expressaram intenção comunicativa?

- Como interagi com a diversidade de gestos e olhares das crianças?
- Quais leituras eu posso fazer a partir disso?
- Com base nessa experiência, o que preciso considerar nos próximos planejamentos?

Um pouco de reflexão sobre a interação dos pequenos com a leitura

Fonte: Dalva de Sousa/Creche Padre Ballint - UNAS

Fonte: Dalva de Sousa/Creche Padre Ballint - UNAS

Não há dúvida de que o acesso à leitura desde muito cedo potencializa as formas de comunicação com os outros. As tramas, desde que bem escolhidas, alimentam o imaginário e mergulham mais ainda as crianças na linguagem verbal.

> Quando a criança pequena, mergulhada em um banho de linguagem adulta, descobre os sons e, pouco a pouco, se apropria deles, indo do simples ao complexo, suas primeiras experiências – especialmente com as sílabas – adquirem a forma, como todas as suas atividades, ao mesmo tempo de aprendizagem, de exercícios, de brincadeira: o bebê "arrulha", vocaliza as sílabas, repete-as indefinidamente, conta-as para si. Experiência com sua voz ao mesmo tempo que encantamento lúdico, fenômeno de "lalação", de ecolalia no qual tem grande prazer, assim como tem grande prazer em jogar ao chão, por dez ou vinte vezes consecutivas, o chocalho ou a bola para experimentar, ao mesmo tempo, sua força muscular e seu domínio sobre o adulto paciente que concorda em apanhar o objeto.... O bebê saboreia a sílaba e, mais tarde, a palavra, repete-a incansavelmente até se embriagar, até se cansar. Há aí uma forma de prazer sensual, de significação possível dos sons, de função social da linguagem.
>
> (HELD, 1980)

Mesmo que atualmente muito se fale da importância da leitura para os pequenos, há vários mitos que sustentam a prática dos educadores, o maior deles refere-se ao fato de a criança bem pequena (0 a 2 anos) ainda não se expressar por meio de palavras algumas aprendizagens referentes a essa situação. Aliado a essa questão, instala-se outro problema: o espaço e o tratamento dado às manifestações das crianças no momento das leituras. Geralmente, isso é revelado em falas do tipo: "Quando eu leio uma história, elas não ficam olhando o tempo todo, logo saem andando para outro lugar"; "Como não prestam atenção em mim e logo se agitam, eu resumo bem a história, mudo as palavras para ser mais rápido"; "Para entenderem bem, eu também uso fantoches e conto com as minhas palavras mesmo". Questões como essas ou outras da mesma natureza revelam o quanto é desafiador para os educadores trabalhar com a dinâmica do movimento das crianças pequenas e, sobretudo, com a linguagem de uma forma mais ampla.

Antes de responder como o espaço deve ou não ser organizado, qual livro deve ser apresentado e como, é importante situar algumas características das crianças pequenas que interferem em uma situação como a de leitura.

Comecemos fazendo uma análise das características das crianças pequenas que são o centro desta questão. Segundo a teoria psicogenética de Henri Wallon, sobre a qual se sustenta a presente reflexão, o interesse da criança está voltado para a exploração sensório-motora do mundo físico.

> "A aquisição da marcha e da preensão possibilitam-lhe maior autonomia na manipulação de objetos e na exploração de espaços" (GALVÃO, 2002).

Outra característica marcante refere-se à aquisição da linguagem. Por isso podemos observar, com frequência, planejamentos com o objetivo de contribuir com o desenvolvimento da oralidade por meio de situações variadas de comunicação oral. Ora, se esse é um dos propósitos, a preocupação exagerada com o controle motor objetivando a harmonia para garantir as condições "ideais" de aprendizagem, compromete significativamente tanto a exploração dos espaços quanto o trabalho com a linguagem verbal.

Retomando a teoria walloniana, a característica do funcionamento mental da criança de 1 a 2 anos consiste em um processo que está em construção, nascente, e que, portanto, justamente por se situar no estágio sensório motor, necessita dos gestos para se exteriorizar; o ato mental se manifesta em atos motores. Portanto, exigir que fique imóvel, sentada, observando atentamente a educadora é uma ação de extrema dificuldade e que não necessariamente garante aprendizagens. O clima gerado acaba desencadeando uma atmosfera de tensão e conflitos que impede a construção de um ambiente do qual a multiplicidade de papéis possa ser parte.

Além da preocupação com a ordem, apresentar textos curtos, resumidos ou com auxílio de recursos variados, como fantoches, também está relacionado à ideia de que ainda é cedo para ouvirem uma história, um texto literário, pois as crianças ainda são pequenas e não entendem o conteúdo dos livros, suas expressões, substantivos, adjetivos e tantos outros elementos da nossa língua.

Tal postura, sem dúvida, reduz as possibilidades de um trabalho de maior qualidade com a linguagem, ainda mais considerando-se, como já foi dito, que um dos objetivos com essa faixa etária refere-se ao desenvolvimento da oralidade. Resumindo as histórias ou utilizando expressões que julgamos ser mais bem compreendidas pelas crianças, ficamos imersos no plano coloquial da linguagem e não possibilitamos que os textos de qualidade também sirvam de referência para o desenvolvimento da expressão verbal.

Segundo Held (1980),

> "(...) a criança tem constantemente necessidade de textos adultos, de banho de linguagem adulta. É por esse contato constante que se enriquece seu vocabulário, sua faculdade de estruturação da linguagem, que se desenvolvem suas possibilidades pessoais de criação."

A autora ainda afirma que a oportunidade de inserir a criança em um trabalho rico com a linguagem, no contato frequente com os textos, possibilita a "impregnação constante de palavras que passarão, pouco a pouco, mas mais tarde, de seu vocabulário passivo para seu vocabulário ativo".

Diante de tudo isso, quais seriam as condições adequadas para uma situação de leitura com os pequenos?

A primeira condição importante é conhecermos a criança com a qual trabalhamos, que, no caso desta faixa etária, precisa dos gestos, do movimento para expressar e responder àquilo que lhe é oferecido. Sendo assim, circular em alguns momentos pelos espaços no decorrer das leituras não significa necessariamente que não se está interagindo com a situação. Muito pelo contrário, às vezes, dependendo da parte da história, da entonação de voz ou mesmo da imagem, a criança presta atenção e fica imóvel onde estiver para compartilhar a leitura. É ilusório achar que apenas o olhar fixo garante o envolvimento com aquilo que está sendo apresentado. Afinal, quem de nós, adultos – que temos condições de ficar parados, sentados por mais tempo –, em situações de leitura, nunca esteve bem distante do universo apresentado na leitura?

Em segundo lugar, é preciso que saibamos escolher as histórias que serão apresentadas às crianças, tendo o cuidado de que elas possam ser lidas assim como estão nos livros, com suas riquezas de expressões, imagens etc. É claro que também precisamos analisar se a narrativa pode ou não agradar; nesse caso, mais uma vez, precisamos colocar em jogo nosso olhar observador sobre as crianças. Pela minha experiência, contos modernos como *Bruxa, bruxa venha à minha festa*, *A casa sonolenta*, *Macaco danado*; *Bruxa Salomé*, *O filho do Grúfalo*, *Tico e os lobos maus* e tantos outros, que possuem uma riqueza de detalhes, imagens e expressões, causam expectativa, encantamento, e deixam as crianças literalmente envolvidas. Organizar confortavelmente o espaço com almofadas, tapete e também outros livros para livre escolha também faz toda diferença. Dessa forma é possível mostrar o cuidado que esse momento tem para o educador.

No final do livro, você encontrará uma lista com sugestões de leituras para as crianças.

Por fim, como já foi mencionado em vários momentos, é importante que a leitura favoreça verdadeiros momentos de encontro entre o educador e a criança, que as palavras pertencentes a uma trama venham carregadas de afeto e expressem em olhares e gestos outras formas de comunicação.

Leusa de Melo Secchi: Ao estudar e trabalhar com crianças conseguimos perceber como elas são capazes, espontâneas, curiosas e expressivas em suas maneiras de angular o mundo. Entretanto, regularmente, encontram resistência e impedimento às suas manifestações de linguagens nas instituições educativas que frequentam, pois nem sempre são compreendidas. Ainda se faz muito presente a padronização do comportamento das crianças, em que os adultos exigem, permanentemente, a contenção motora, pois entendem que as expressões de movimentos impedem a aprendizagem. Há um desconhecimento de que, para as crianças pequenas, a exploração do próprio corpo e de suas possibilidades de movimentos propicia também o ambiente de aprendizagem. Afinal, como garantir as expressões das crianças nos espaços institucionais, entendendo o movimento e a brincadeira como linguagens e não apenas como exercícios motores, destituídos de significado? Como superar os tempos e espaços cerceadores das manifestações expressivas das crianças?

Propor atividades de movimento para as crianças pequenas pressupõe vários desafios, o maior deles é considerar as especificidades e as necessidades da faixa etária. Depois de ter ficado sob a dependência intensa do adulto, do ponto de vista motor, após a aquisição da marcha, a criança já pode deslocar-se de um lugar a outro e criar suas próprias experiências de movimento, como correr, pular, rolar e escalar, dentre outras.

Mas, como estão sendo organizados os tempos e os espaços das crianças pequenas para dar conta do desenvolvimento de todas essas habilidades?

Infelizmente, algumas vezes, a rotina para as crianças pequenas está dividida em *lugares para o movimento*, geralmente os espaços externos com brinquedos fixos, como escorregador e balanço, por exemplo, e a *sala*, onde o que prevalecem são situações conduzidas exclusivamente pelos adultos e "estar sentado". São escassas as possibilidades posturais que as crianças têm nesse caso. Aliás, a posição "sentado" parece ser a única, pois, quando se vai apresentar uma história, se há alguém correndo, pulando, andando de um lado para outro da sala ou, até mesmo, de joelhos ou deitado no chão, a ordem é a mesma: "senta!". Quando há uma abertura para que as crianças movimentem-se pelo espaço, a inadequação das propostas acarreta uma elevada incidência de conflitos, o que deixa os educadores ainda mais tensos e ávidos por uma postura homogênea.

Corpo e movimento, nessa faixa etária, estabelecem uma relação intensa. Não há como separá-los, e a maneira como serão trabalhados trará influências para o resto da vida. Prender as crianças ou exigir que fiquem sempre sentadas, quase imóveis, impedirá que explorem variados esquemas motores; impedirá, sobretudo, que se deem conta das suas próprias habilidades e que se arrisquem na conquista de tantas outras.

Fonte: Dalva de Sousa/Creche Padre Ballint - UNAS

Mas, como, então, pode ser organizado o trabalho em torno da linguagem do movimento com as crianças pequenas?

Os pequenos no mundo do circo

Considerando que a criança pequena aprendeu a andar há pouco tempo, e que as suas descobertas se dão pela exploração dos espaços, pelos toques das mãos, por suas pesquisas variadas, as propostas da sequência de atividades "Os pequenos no mundo do circo", (relatadas no Capítulo 6) procuraram levar em conta tais características. Além disso, criar um contexto para as situações deu outro sentido para o trabalho. Mostrou que, quanto maior a possibilidade de se articular várias linguagens, maiores serão as oportunidades de desenvolver significativamente outras competências. Nessa sequência, além dos circuitos motores, foram planejadas outras ações que contemplassem as possibilidades de comunicação oral, como apreciações de músicas, imagens, textos, as conversas e brincadeiras diversas relacionadas ao contexto circense.

Voltando ao trabalho com corpo e movimento, o foco da questão, tomemos como exemplo o planejamento de *circuitos motores*. É importante contemplá-los nos espaços de Educação Infantil com frequência pela possibilidade de as crianças explorarem, por meio das brincadeiras, diversos movimentos, como pular, arremessar, correr e arrastar. Os circuitos focam na escolha para que as crianças desenvolvam livremente os percursos organizados. O que se observa muito, em situações desse tipo, é a exigência, por parte do adulto, de um trajeto único, geralmente com uma criança atrás da outra e os gestos também uniformizados. Ações como essas, sem dúvida, comprometem consideravelmente a criação de estratégias para o brincar livre e investigativo.

Na medida em que o circuito é planejado com vistas para o desenvolvimento da autonomia, é necessário o respeito às especificidades das crianças pequenas, que há pouco tempo tenham adquirido a marcha e estejam conhecendo o mundo por meio da manipulação dos objetos e da exploração dos espaços. A ideia de sempre colocar mais de uma proposta para as crianças fundamenta-se nesses aspectos.

Engana-se quem acha que o pouco tempo – às vezes – de envolvimento em uma determinada atividade é insuficiente para que aprendam com aquilo que lhes é proposto. A intensidade com que ficam imersas em certas atividades – mesmo que por tempo breve – demonstra o quanto se empenham em explorar, pesquisar o mundo que as cerca.

Os circuitos devem abrir espaços para que as crianças definam suas ações sobre os diversos materiais disponíveis: arrastar-se ou engatinhar em túneis de pano, equilibrar-se em pé ou sentadas sobre madeiras, atravessar obstáculos feitos com elásticos, pulando, sentadas ou mesmo puxando para cima, enfim, procurar livremente formas de agir sobre as propostas.

Para que as propostas contribuam verdadeiramente para o desenvolvimento motor das crianças, é preciso considerar alguns aspectos:

- A organização do espaço físico é determinante e os materiais devem ficar dispostos para que as crianças brinquem livremente e explorem diversas ações.

- Pensar em desafios para a faixa etária. Considere que uma boa atividade é aquela que coloca problemas difíceis, porém, que possam ser resolvidos. O circuito deve ser planejado antecipando-se as variadas possibilidades que as crianças podem ter para resolver os desafios.

- Não apresentar um único modelo para as crianças – pode-se mostrar o que podem explorar, mas não determinar como.

- Observar as ações das crianças e colocar novos problemas. Se permanecerem sempre nas mesmas propostas depois de terem adquirido outras habilidades, o desinteresse pode tomar conta.

- Pensar em utilizar os espaços externos, com mais frequência. Além de serem geralmente mais amplos, oferecem às crianças a possibilidade de explorarem outro lugar que não aquele que, na maior parte do tempo: faz parte da rotina a sala.

- Observar as estratégias pessoais das crianças diante dos variados desafios; para tanto, é importante que o professor não determine os movimentos.

- Ajudar as crianças a lidar com a exploração dos espaços. O fato de poderem ficar livres pelos ambientes não significa, em hipótese alguma, que não terão a intervenção do educador. Pelo contrário, este deve mediar, o tempo todo, situações de conflitos decorrentes da disputa por espaços ou materiais. Aliás, vale enfatizar que para que as crianças explorem, pesquisem e aprendam é fundamental a intervenção do adulto, pois tais ações exigem uma autonomia que as crianças pequenas ainda estão em processo de aquisição.

- Valorizar a interação e promover a troca de experiências entre as crianças. Por exemplo, solicitar que alguma criança demonstre como conseguiu passar por um obstáculo difícil e incentivar o enfrentamento pelas demais.

A superação dos tempos e espaços cerceadores das manifestações das crianças, bem como a efetivação de práticas que favoreçam a expressão do movimento de forma integrada são desafios presentes em vários lugares, arrisco-me a dizer, na maioria das regiões brasileiras. Compreender a dimensão corporal em uma perspectiva integrada, como parte da experiência humana e da cultura, demanda a inserção dos educadores em um processo de formação contínua que torne objeto de reflexão a prática dos recursos expressivos do movimento. Para conhecer o corpo em profundidade é necessário tematizar as experiências de "emolduramento" desse corpo e os níveis excessivos de controle que, há séculos, estão presentes no currículo das instituições e nas ações dos educadores.

Para ampliar e integrar as práticas ligadas à expressão cultural – a dança, os jogos, as brincadeiras etc. –, é necessário que o educador planeje situações intencionais que dialoguem com os gestos das crianças, as práticas corporais presentes na cultura, as expectativas de aprendizagens para as diferentes faixas etárias e os desafios que podem colaborar com a ampliação das experiências corporais e a apropriação de novos movimentos.

Fonte: Escola Criarte - SP

Acolher a diversidade de gestos, incentivar a interação e aproveitar todas as oportunidades para a expressão da criança no tempo e no espaço é muito importante. Para compor um ambiente rico em experiências corporais, é importante contemplar:

- Movimentos, danças com músicas de variados gêneros.
- Brincadeiras corporais.
- Brincadeiras nos cantos de atividades diversificadas que possam favorecer e incentivar a circulação do corpo entre as propostas.
- Projetos que contextualizem e criem um sentido lúdico para a ação do corpo, o circo é um exemplo.
- Os jogos tradicionais.
- Brincadeiras nos espaços externos, livres ou dirigidas pelo educador, como rolar pneus, pular corda, amarelinha, corre cutia, pega-pega etc.

- Desenhos: oferecer situações em que os gestos em papéis diversos se transformem em marcas, e que haja uma diversidade postural para sua produção.

Fonte: Dalva de Sousa/Creche Padre Ballint - UNAS

Atentar-se à riqueza com que cada criança demonstrará seus gestos, compreender os variados movimentos, possibilitar e respeitar escolhas, além de planejar ações, preferencialmente relacionadas a um contexto de brincadeira, são algumas das condições que podem "alimentar" as crianças pequenas de experiências motoras significativas. Dessa maneira, o tempo e o espaço estão sendo pensados para a exploração de múltiplas possibilidades posturais, tudo de que mais necessita uma criança pequena.

Algumas indagações sobre o brincar

Maria Dalva Lopes de Sousa: Em minha experiência tenho vivenciado muitos casos de conflitos por causa de brinquedos. Em um grupo que acompanhei havia duas irmãs gêmeas com 3 anos de idade que sempre brigavam. Um dia resolvi não intervir de imediato para observar como iam resolver a situação; uma delas estava brincando em um cantinho cobrindo uma boneca quando de repente, a outra se aproximou e tomou o paninho sem pedir. Mesmo chorando a outra irmã dizia: "me dá meu paninho rosa! Eu adoro rosa, e você gosta de lilás". Continuaram puxando, até que o paninho, de um lado e de outro, resultou em uma brincadeira de cabo de guerra. O que pensar sobre o momento da intervenção do educador?

Quantos pensamentos, histórias e soluções cabem no brincar! Esse breve exemplo revela que uma cena de brincadeira carrega o encontro, o conflito, a capacidade de resolução por parte das crianças, as preferências, as diferenças, no caso entre as irmãs gêmeas ("me dá o meu paninho").

Sua preocupação é com a intervenção: o que falar, até onde ir. Não há receitas de como agir; o importante é reconhecer que, em uma situação de interação como essa, há muitas possibilidades de aprendizagem e o tempo que é dado para a criança expor seus pensamentos e sentimentos é muito importante. Geralmente é difícil para o adulto suportar a ansiedade, controlar os impulsos de imediatamente dar um desfecho para uma situação que considera conflituosa.

Observar atentamente uma cena como essa e saber esperar também é uma forma de escutar a criança e apostar em sua capacidade. Nesse exemplo, imagine que, ao presenciar o primeiro conflito de uma puxar o paninho da outra, o educador já fosse guardando o objeto, e cada uma das crianças, sob o comando do adulto, fosse encaminhada para um lugar diferente. A interação que houve entre as duas e a solução final de transformar um objeto disputado em uma brincadeira compartilhada não poderiam acontecer.

Nas situações de brincadeiras, os conflitos ocorrem o tempo todo. Não raro, um carro é arrancado da mão de um, um empurrão ou mordida são dados em razão de uma boneca ou telefone que despertou interesse em comum; no decorrer de uma jornada na instituição, inúmeros são os exemplos que ocorrem. É importante saber que isso faz parte das relações entre as crianças, e o educador precisa cuidar para ajudá-las a compreender o significado da inserção em um ambiente coletivo. Essa ajuda vem com referências de novas formas de interação; em vez de apenas falar sobre o que a criança pode fazer ou não, é importante que o educador use sua presença para incentivar experiências como a das duas irmãs. O pano disputado se transformou em um cabo de guerra; um mesmo carrinho, espada ou boneca podem ser objetos de um enredo comum, construído com a ajuda do adulto.

O educador mediador é aquele que, no encontro com a criança, mostra-se sensível às suas necessidades e desejos, fortalece as experiências de convivência no contexto coletivo, planeja e pesquisa situações significativas para a construção de novos conhecimentos e aproximações com as descobertas da humanidade. Nesse sentido, marca seu lugar de propositor e transforma-se em uma autoridade no que tange à promoção de novas aprendizagens.

Ajudar a criança a viver a falta, as frustrações e as impossibilidades faz parte da ação de educar e é importante para o seu desenvolvimento. Saber esperar, pedir, ou mesmo manifestar-se quando algo não lhe agrada são ações que devem ser vividas com a parceria do educador.

Em um contexto de interação, as crianças que não estão diretamente presentes na cena também podem aprender muito. Imaginemos que outras crianças observavam, de longe, como se daria o desfecho da cena. Sem dúvida, essa também é uma rica forma de interação. Isabel Galvão (2003) aborda este aspecto:

> "(...) Se considerarmos como interação social somente as situações em que há encadeamento entre as ações dos parceiros em direção a um objetivo comum, deixaremos de

tratar como tal inclusive formas de interação entre coetâneos, como situações muito comuns no primeiro ano de vida, quando, por exemplo, uma criança realiza alguma ação (empurrar um carrinho, balançar um chocalho) e a outra permanece observando. Se restringirmos o conceito à cooperação, ao olharmos esta cena constataremos ausência de interação. Contudo, se nos pautarmos num conceito mais abrangente e se estivermos sensíveis para os componentes expressivo-emocionais das condutas infantis, veremos nessas ações aparentemente paralelas e independentes, coesão e complementaridade: a criança que empurra o carrinho ou mexe o chocalho parece se exibir para o companheiro, como que alimentada pelo seu olhar atento; o observador, por sua vez, apresenta-se de tal forma absorto na atividade do outro, que é como se participasse dela, acompanhando-a por meio de seu corpo, mímica facial e outras variações posturais (...)"

Com relação à intervenção do educador, ela não se dá apenas na ação direta com as crianças. A organização prévia de um espaço, a escolha dos materiais disponibilizados, o planejamento da proposta ou mesmo a observação atenta para as diversas formas de interação também são tipos de intervenções nesses casos, intervenções indiretas.

A intervenção direta é aquela que ocorre em parceria com a criança, "ao vivo e em cores". Nesse caso, o educador deve estar inteiro e presente para fazer novas provocações, complementar os enredos criados, apresentar novos modelos, ouvir as perguntas, respostas e soluções, compartilhar regras e combinados, colaborar na resolução de conflitos, oferecer um colo para um que necessita. Enfim, são muitas as formas de intervenção direta que um educador pode ter. A intervenção nessa perspectiva não significa ditar o que é certo ou errado, é preciso estar junto com a criança para que ela mesma consiga construir seus próprios significados sobre o mundo e sobre sua própria identidade.

Tempo, espaço e a construção de um ambiente de aprendizagem 75

Fonte: Escola Criarte - SP

Referências para pensar sobre intervenção indireta e direta

Intervenção indireta

Organização do espaço.
Seleção do material.

---
[4] Estas referências foram criadas pela equipe do Programa Formar em Rede-Brincar/ Instituto Avisa Lá - SP, ano 2007.

Gerenciamento do tempo para preparação, organização do espaço e rotina.
Antecipação de pontos de observação e avaliação.

Intervenção direta

Atuação do professor como: facilitador, problematizador, propositor de novas ideias.
Gerenciamento do tempo de duração da brincadeira.
Intervenção em situações de conflitos e condições para o grupo resolver com autonomia.
Respeito e aceitação das diferentes formas de participação da criança.
Atuação visando ser modelo.
Transformação da forma, regra ou possibilidade de brincar em uma situação já dada.

Maria Dalva Lopes de Sousa: E o brincar nos cantos de atividades diversificadas? O que considerar na organização? Como cuidar para que o ambiente se transforme em um convite à brincadeira e à interação?

A brincadeira é a forma mais potente para a criança se expressar e se comunicar. Por meio dessa ação, a criança se relaciona com o mundo, constrói laços com a cultura e amplia a capacidade de imaginar e criar. Ao brincar, ela elabora narrativas e se apropria de experiências, muitas delas, heranças da humanidade. Assim, a criança constrói a sua identidade e uma noção de pertencimento a um tempo e a um lugar.

Fonte: Escola Criarte - SP

Criar ambientes que favoreçam a expressão por meio do faz de conta potencializa a criação de novas narrativas; dessa forma, são oferecidas condições para que o brincar não perca sua dimensão expressiva e para que as experiências das crianças ganhem sentidos próprios; por meio da brincadeira, as crianças se humanizam e o mundo ganha significados próprios para elas.

A sua questão serviu de inspiração para a elaboração do capítulo a seguir e o objetivo, ao tratar esse assunto, é que os educadores brasileiros possam amparar suas práticas nessa modalidade tão rica e significativa para as experiências infantis. ■

Meu nome é Juliana. Poderia ser Maria, Carolina ou Beatriz, mas escolheram para mim Juliana. Sou professora. Poderia ser arquiteta, bióloga ou atriz, mas escolhi a pedagogia. Assim como escolhi também a educação infantil – graduei-me pela USP sempre buscando as áreas da educação da infância, participo de grupos de pesquisa em educação infantil desde essa época, fiz cursos, participei de congressos, tive a oportunidade de estudar em Parma (Itália) um pouco mais sobre esta área. Atuo como professora há dez anos, também trabalho com formação de adultos, além de cursar o mestrado pesquisando sobre a primeira infância. Assim, sou Juliana, educadora da infância.

Muitas crianças passaram por mim, outras ficaram. Talvez eu tenha ficado ou passado para elas também, mas nos encontros que o cotidiano pedagógico nos oportuniza surgem as perguntas, as inquietações. As crianças nos trazem perguntas ou simplesmente plantam em nós inquietações. Umas se resolvem e passam, outras ficam, permanecem... Aquilo que me inquieta a partir de todas as crianças que compartilho experiências é o lugar que damos à infância. Como ouvimos as perguntas das crianças (mesmo daquelas que ainda não falam) e como colocamos em evidência suas inquietações? Como fazer os ambientes das instituições dedicadas à primeira infância espaços de protagonismo infantil? Como tornar esses espaços lócus de atuação da criança e de diálogo entre elas e a sociedade?

É claro que já nos exercitamos nesse sentido, diante de atuações de qualidade nas instituições dedicadas à primeira infância, mas ainda assim acho que vivemos períodos de oscilação entre considerar as crianças coconstrutoras da história e reprimir suas ações ainda que não intencionalmente.

Que papel fundamental tem a pergunta nesse processo? Porque, quando nos permitirmos fazer perguntas ou ouvi-las e acolhê-las, estamos nos dispondo ao exercício da vivência partilhada. Acho que a pergunta é isso: é partilhar com o outro as nossas incertezas, seja esse outro aquele que está diante de nós ou os muitos "outros" que nos compõem singularmente dentro de nós mesmos. Nesse exercício da partilha, vamos nos reconfigurando, reinterpretando, reconstruindo. E surgem novas perguntas no ciclo contínuo da experiência humana.

4 Uma ideia de criança, muitas ideias para brincar: concepções e possibilidades dos Cantos de Atividades Diversificadas

Juliana Guerreiro Lichy

Por uma ideia de criança

Por uma ideia de criança rica,
na encruzilhada do possível,
que está no presente
e que transforma o presente em futuro.
Por uma ideia de criança ativa,
guiada, na experiência,
por uma extraordinária espécie de curiosidade
que se veste de desejo e de prazer.

Por uma ideia de criança forte,
que rejeita que sua identidade seja
confundida com a do adulto, mas que a oferece
a ele nas brincadeiras de cooperação.

Por uma ideia de criança sociável,
capaz de se encontrar e se confrontar
com outras crianças
para construir novos pontos de vista e conhecimentos.

Por uma ideia de criança competente,
artesã da própria experiência
e do próprio saber
perto e com o adulto.

Por uma ideia de criança curiosa,
que aprende a conhecer e a entender
não porque renuncie, mas porque nunca deixa
de se abrir ao senso do espanto e da maravilha.

FORTUNATI (2009)

A ideia de criança potente, protagonista de sua história e capaz justifica este texto. Quando nós, adultos, educadores, proporcionamos algo às crianças, estão sempre presentes as concepções que trazemos conosco sobre a infância. A criança ativa defendida por Fortunati no poema é a ideia de criança que temos ao tratar dos Cantos de Atividades Diversificadas.

Quando pensamos nos Cantos de Atividades Diversificadas automaticamente nos vem a ideia: diversidade de brincadeiras propostas às crianças. De fato, é impossível pensar qualquer proposta na educação infantil que não seja por meio da brincadeira, porque o brincar é próprio do ser humano, mas, para as crianças, é linguagem, é ferramenta para expressar-se e compreender o mundo que a cerca. Brincando, a criança, interage, fala de si, aprende com o outro, produz conhecimento, interpreta contextos, ressignifica realidades, incorpora o mundo pela sua perspectiva e, por atuar ativamente sobre este mundo, também contribui para a permanência dele. Conforme aponta Sarmento (Apud DELGADO e MÜLLER, 2005):

> "(...) contrariamente aos adultos, entre brincar e fazer coisas sérias não há distinção, sendo o brincar muito do que as crianças fazem de mais sério."

A criança, por meio do brincar, não apenas incorpora o mundo adulto, mas também age sobre ele. Esse duplo trânsito concebe a ideia de uma criança competente, que incorpora, mas que também produz cultura. Uma criança coconstrutora da infância e da sociedade. Contudo, ainda que defendamos essa ideia de criança, agir em favor dessa concepção requer de nós, adultos, um olhar atento, qualificado e uma ação pedagógica cotidiana capaz de proporcionar contextos vivenciais ricos para as crianças. Em outras palavras, depende dos educadores proporcionarem situações em que as crianças se exercitem nas suas competências por meio de sua forma de expressão que é o brincar.

Assim, devemos sempre nos questionar sobre a qualidade das propostas oferecidas às crianças nos ambientes educacionais. O quanto impomos e o quanto respeitamos sua condição de ser criança?

A proposta dos Cantos de Atividades Diversificadas revela-se uma excelente estratégia de concretizarmos a ideia de criança ativa, potente, protagonista de sua história. Ali abrimos porta para que sejam o que são ou o que desejam ser: exercitam-se continuamente nas experiências com o mundo. O educador, nessa concepção, não é apenas quem organiza os materiais, mas aquele que pensa cenários interativos de qualidade, cabendo a ele duplo olhar: um primeiro olhar atento para constante avaliação de suas ações e intervenções nos ambientes propiciados, e um olhar aguçado para as ações das crianças. Dessa forma, a proposta de Cantos de Atividades Diversificadas é um laboratório de pesquisas da ação do educador e de pesquisas das crianças. Pesquisar a si próprio reconfigura a ação pedagógica e pesquisar as crianças torna possível descobri-las.

Daniel Walsh (2003) comenta curiosamente a necessidade em se fazer pesquisas com crianças porque a distância física, social, cognitiva e política entre o adulto e a criança faz com que o caminho mais fácil para se falar de crianças seja a invenção. A alternativa para a invenção é a descoberta e só se descobre pesquisando. "O que é descoberto desafia as imagens dominantes. O que é inventado perpetua-as".

Pesquisar o que as crianças fazem nos permite conhecer mais sobre elas, sobre o grupo, sobre a infância. Nos cantos diversificados as crianças têm espaço garantido para serem elas mesmas, por isso é um rico contexto para os educadores pesquisá-las e compreendê-las.

Escolhas: dizer quem sou – direito, caminhos possíveis – diversidade

> Ou isto ou aquilo
> "ou isto ou aquilo...
> e vivo escolhendo o dia inteiro!"
>
> *Cecília Meireles*

Escolher é manifestar preferência, optar. Ao escolhermos colocamos nossas intenções, mostramos nossos gostos, dizemos, de alguma forma, quem somos. Escolhemos o tempo todo e, ainda que a situação de escolha nos leve à condição da dúvida ou da incerteza, a possibilidade de poder escolher revela-se como direito, nos proporciona autonomia. Exercitar-se na autonomia é entendida aqui não como a pura independência, visto que todos nós somos, de alguma forma, dependentes uns dos outros, na medida em que só vivemos por meio das relações com as outras pessoas. Mas como a interdependência que considera e respeita os outros ao redor, acreditando que é na relação com eles que cada um se fortalece individualmente.

A autonomia infantil é, assim, uma independência compartilhada que garante os direitos de cada criança dentro dos limites do espaço do outro. A possibilidade de escolha atesta seu direito de ser potente, e permite o exercício da autonomia na relação de cuidado e respeito com os demais.

É fato que as crianças dependem muito dos adultos, e garantirmos espaços em que elas possam escolher é, antes de tudo, uma opção nossa. Quando permitimos a escolha às crianças, abrimos horizontes, proporcionamos a elas serem elas mesmas, revelarem suas preferências e agirem sobre o mundo de maneira mais prazerosa.

Falamos de diversidade: a diversidade de opções que colocamos nas propostas dos cantos e as diversidades presentes nas escolhas de cada um. Ao planejarmos os Cantos de Atividades Diversificadas ampliamos as possibilidades de atuação das crianças para que elas possam escolher, entre as opções, as que mais lhe agradam, e repetir essas escolhas se assim desejarem, entendendo a repetição como forma de apropriar-se, cada vez mais, da situação vivenciada.

Os cantos de atividades diversificadas também pressupõem escolhas dos educadores. Como escolher o que colocar nos cantos? Essa é uma questão relevante. Fatores como o espaço físico da instituição e a quantidade de crianças por grupo podem influenciar na organização do espaço. De maneira geral, é interessante que o educador mescle, a cada dia, diferentes propostas, por exemplo, um canto de faz de conta, um de artes, um de jogos e outro de construção. No dia seguinte, outra proposta de faz de conta, um canto de leitura e um de materiais não estruturados.

É possível ainda que, em um mesmo dia, os cantos sejam substituídos na medida em que se perceba a queda do envolvimento das crianças. Ainda que as escolhas dos cantos dependam, em maior parte, do adulto, podemos convidar as crianças maiores a ajudar na escolha dos cantos duas vezes por semana, por exemplo. Assim, o próprio grupo atua, de forma ainda mais ativa, nas situações propostas.

Tempos diversos nos cantos diversificados

> O meu tempo não é o seu tempo.
> O meu tempo é só meu.
> O seu tempo é seu e de qualquer pessoa, até eu.
>
> *Arnaldo Antunes*

Constantemente falamos sobre o tempo e estamos subordinados a ele. Existimos e nos constituímos enquanto seres humanos, históricos, situados em um tempo e espaço específicos. O tempo circunscreve nossas ações e é subjetivo, compreendido diversamente nas sociedades e culturas.

Falar sobre o tempo é um desafio, pela suas multifacetas. Em uma instituição infantil podemos falar na existência de 'diversos tempos' que permeiam a relação pedagógica, mas dentro de todos os contextos temporais nunca podemos nos esquecer dos tempos individuais, ou seja, o tempo de cada um.

Nas relações da escola da infância está colocado o tempo de cada educador, o tempo de cada criança. Pressupor que compreendemos o mundo ou agimos sobre ele no mesmo espaço de tempo é um equívoco tão grande quanto considerar que as crianças atuam da mesma forma nos ambientes nos quais experienciam a vida. Sim, experiências, porque falar sobre elas é maior que falar sobre vivências. As experiências nos marcam, nos transformam.

Partimos da concepção de que os Cantos de Atividades Diversificadas, assim como tantas outras ações próprias da educação infantil, são contextos que proporcionam experiências para as crianças por meio da brincadeira, na relação com os materiais e na interação com o outro. Uma experiência é vivida diferentemente por cada pessoa, por isso, ao observamos as crianças envolvidas em cada canto perceberemos diferentes níveis de envolvimento. O tempo que cada um dedicará a esta ou aquela brincadeira dependerá de suas intenções e suas características pessoais.

A profundidade com que as crianças se envolvem não é proporcional ao tempo; por isso, o respeito ao tempo de cada um é de fundamental importância. Em uma mesma situação de brincadeira, podemos ter diferentes crianças atuando em profundidade em espaços de tempos distintos. O que queremos ressaltar é que o olhar atento para cada criança, nas situações de cantos de atividades diversificadas, revelará muito sobre elas e sobre suas relações com o tempo. Desse modo, ao respeitarmos os tempos particulares, estamos conhecendo melhor cada um e tornando possível a cada criança agir à sua maneira no mundo em que vive.

A partir dessa concepção, entendemos que os Cantos de Atividades Diversificadas pressupõem quatro perspectivas temporais que devem ser consideradas pelo educador. A primeira refere-se à constância. Os cantos devem ser propostas permanentes para que cada criança tenha tempo de se envolver profundamente. Nenhuma experiência pode ser desenvolvida em profundidade quando repentina. As crianças precisam de tempo para compreender o que os cantos proporcionam, compreender seu funcionamento e experimentá-los com propriedade.

A segunda perspectiva refere-se à repetição das propostas oferecidas em cada canto. Ainda que haja modificações regulares, repetir pode proporcionar o reviver de uma experiência, a reconstrução, a reelaboração e o refinamento das ações das crianças. Além disso, quando uma experiência nos dá prazer, queremos repetí-la; por outro lado, quando alguma experiência nos causa insegurança, repeti-la pode ser uma alternativa para reinventá-la, desbravá-la.

A terceira perspectiva trata de um tempo estendido para o desenvolvimento da brincadeira, pois, muitas vezes, o tempo das rotinas nos impõe que encerremos as atividades dos cantos. Contudo, podemos deixar aberta a possibilidade e combinar com as crianças que desejarem, de continuar a desenvolver o que fazem no dia seguinte: um desenho pode ser reelaborado, uma construção pode ser fotografada e retomada, uma brincadeira de casinha pode ser montada da mesma forma. Assim, ampliamos o tempo e respeitamos cada um dentro de suas intenções.

A quarta perspectiva está ligada à memória. Ao atuar cotidianamente nas propostas dos cantos, as crianças estão coconstruindo suas histórias em parceria. Histórias permeadas de experiências e encontros com o outro. Registrar essas experiências é uma opção de resgatar o tempo que passou e proporcionar o reviver. Revivendo, as crianças tomam consciência de si, reelaboram o que fizeram e podem avaliar e planejar ações futuras. Registrar falas das crianças, fotografá-las, filmá-las em situações de cantos de atividades diversificadas para posteriormente expor tais registros são ações favorecedoras do processo tempo–história–memória.

Inter-Agir: as interações nos cantos diversificados

> Eu não sou você
> Você não é eu
> Mas sei muito de mim
> Vivendo com você.
> E você, sabe muito de você vivendo comigo?
> (...)
> E você se encontrou e se viu, enquanto olhava pra mim?
> (...)
> Mas somos um grupo, enquanto
> Somos capazes de, diferencialmente,
> Eu ser eu, vivendo com você e
> Você ser você, vivendo comigo.
>
> *Madalena Freire*

A todo instante, vivemos das interações que estabelecemos com o meio e com as pessoas que passam por nós. Como já afirmado a relação com o outro, para que possamos constituir a nós mesmos, é fundamental. A interatividade é ação fundamental do ser humano e sobre ela Sarmento (apud DELGADO; MÜLLER, 2005) explica que, antes de tudo, as crianças aprendem com as outras crianças, nos espaços de partilha comuns. Essa partilha de tempos, ações, representações e emoções é necessária para um entendimento mais perfeito do mundo e faz parte do processo de crescimento.

É nas interações que nos constituímos. À medida que somos afetados pelos outros e pelo meio, coconstruimos nossas subjetividades e lidamos com as subjetividades dos outros. Constituímo-nos seres particulares a partir da relação e esse contexto de vivência permeado pelas pessoas e pelos contextos nos coloca na constante relação: eu–outro.

A interação acontece com o outro e também com o meio relacional da criança. Assim, elas produzem sua cultura por meio da cultura de pares. Conforme aponta Corsaro (2002) isso não significa apropriação direta do mundo adulto. Elas apropriam-se criativamente das informações do mundo adulto para produzir sua própria cultura de pares, em um processo denominado pelo autor de *reprodução interpretativa*. Tal conceito é constantemente exercitado pelas crianças nas diversas relações que elas estabelecem, por isso é tão importante que os contextos propiciados às crianças sejam ricos em possibilidades interativas.

Partiremos agora para algumas ideias dos Cantos de Atividades Diversificados. Ideias que sugerem a participação ativa das crianças em amplas possibilidades de interação.

Inspirações: algumas ideias para os Cantos de Atividades Diversificadas

Oliveira-Formosinho (2011) fala sobre o espaço das instituições infantis como:

> "(...) um lugar de encontro, um lugar de habitar, para acolher, para abrigar. Um lugar para aprender porque dá acesso aos instrumentos culturais. Este conceito de espaço como lugar de encontro e de habitar conduz-nos à ideia de espaços pedagógicos como lugares que integram intencionalidades múltiplas: ser e estar, pertencer e participar, experienciar e comunicar, criar e narrar. Um lugar para o grupo, mas também para cada um, um lugar para brincar e para trabalhar, um lugar para a pausa, um lugar que acolhe diferentes ritmos, identidades e culturas. Um espaço de escuta de cada um e do grupo, um espaço sereno, amigável, transparente."

Um espaço tal como descrito pela autora deve ser nossa preocupação ao planejarmos os Cantos de Atividades Diversificadas. Ao pensarmos o espaço a partir dessa concepção, falamos na construção de cenários para as crianças. Cenários porque são lugares em que elas atuarão como crianças e também porque aliam o espaço e os materiais em ambientes ricos de atuação.

Ao planejarmos cada canto de brincadeira podemos utilizar uma grande variedade de materiais. Alguns deles podem ser adquiridos pela instituição infantil em unidades comerciais, outros podem ser confeccionados de sucata ou, ainda, podem ser trazidos pelas famílias.

Compor cada cenário de brincadeira requer planejamento e criatividade do educador, e prever um equilíbrio entre as opções apresentadas às crianças é fundamental. O equilíbrio se encontra entre o excesso e a escassez dos cantos propostos. É importante cuidar para que todo o espaço acolha o número de crianças do grupo e cada canto comporte as crianças adequadamente. Assim, a quantidade de materiais oferecidos deve estar de acordo. Isso significa uma composição de objetos ligados ao tema da brincadeira suficiente para que determinado número de crianças possa brincar satisfatoriamente.

A organização do espaço deve evitar tanto a falta de espaço e materiais para as crianças – visto que não desenvolverão as brincadeiras prazerosamente por falta de oportunidades – quanto o excesso deles. Muitas vezes, um ambiente com muitos materiais pode sugerir informação em excesso, deixando as crianças confusas em suas escolhas ou mesmo prejudicando o espaço físico com objetos desnecessários, indo contra a ideia de um local sereno e transparente, conforme prevê Oliveira-Formosinho.

Durante o desenrolar das brincadeiras, é importante que o educador esteja atento não apenas às interações das crianças, mas também à organização do espaço. Quando as crianças são bem pequenas, é claro que elas contribuem menos para a organização do ambiente, então, continuamente, o educador pode reorganizar os materiais espalhados ou repô-los. Com crianças mais velhas, podemos intervir pontualmente, convidando-as a reestruturar cada canto, contudo temos de saber diferenciar um espaço desorganizado de um espaço organizado pelas crianças. Muitas vezes, as chamadas "bagunças" são apenas uma visão particular do adulto já que, para as crianças, pode corresponder ao agrupamento e reorganização de materiais para suas brincadeiras. Por isso, quando o educador está atento às ações das crianças, interage com elas e percebe seus níveis de envolvimento, ele consegue distinguir uma ordenação infantil de uma desorganização. Um espaço desorganizado pode ser notado com facilidade quando se percebem as crianças impedidas de desenvolver seus jogos. Um canto de cozinha, por exemplo, pode perder sua função se todos os utensílios e alimentos encontram-se espalhados por outros cantos; um canto de jogos pode ser interrompido se as peças se misturam, um canto de artes pode ser anulado quando se perdem ou misturam os materiais.

Uma boa dica para o educador é ele próprio manter certas barreiras invisíveis entre os cantos, cuidando para que o espaço não fique desestruturado. Pouco a pouco, ele pode manter os espaços organizados. Tal ação torna-se ainda mais eficiente quando agrupamos cada proposta em cantos da sala e deixamos espaços livres para a circulação das pessoas.

Trataremos, agora, algumas possibilidades de cenários nos cantos diversificados.

a) Canto do faz de conta[5]

Escritório/multimídia

Fonte: Escola Criarte - SP

---

[5] Outras situações podem ser criadas para que as crianças se exercitem no faz de conta, tais como: sorveteria, farmácia, doceria, floricultura, banca de jornal, castelo de príncipes e princesas, super-heróis e astronautas.

- Teclado, mouse, monitor, notebooks quebrados.
- Aparelhos de telefone e celular.
- Calculadoras, agendas eletrônicas.
- Máquinas fotográficas e filmadoras quebradas.
- Agendas, bloco de anotações, calendários.
- Lápis, canetas, porta-lápis.
- Maletas, bolsas.
- Furador de papel, carimbos.

Cabana

- Tecidos diversos.
- Móveis que sirvam de apoio para os tecidos. Quando não houver onde pendurá-los, poderá ser improvisado com cabos de vassoura presos em latas de alumínio fixadas com gesso.
- Arames ou barbantes fixados de um ponto a outro para sustentar os tecidos.
- Pregadores ou argolas para pendurar os tecidos.

Médico

- Avental, sapato branco, lençóis brancos.
- Colchonetes (para servir como maca).
- Máscaras, luvas e toucas cirúrgicas.
- Estetoscópio, medidor de pressão, máscara de inalação.
- Seringas sem agulha, bolsa d'água.
- Caixas de remédios, bulas de remédios.
- Embalagens de remédios vazias e higienizadas.
- Esparadrapo (ou fita crepe), gaze, curativos, atadura.
- Panfletos médicos.
- Maleta de primeiros socorros.
- Chapas de raio X ou outros exames.

Uma ideia de criança, muitas ideias para brincar

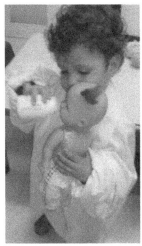
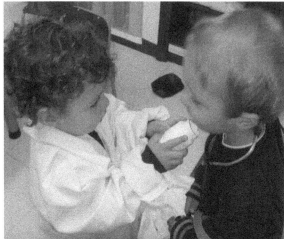
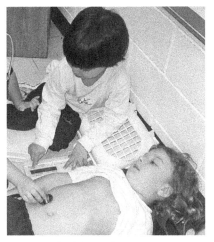
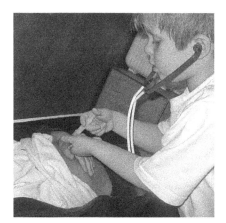

Fonte: Escola Criarte - SP

Feira

- Cestas, sacolas e carrinhos.
- Caixotes de leite ou de plástico.
- Sacos de juta.
- Frutas, verduras e legumes (de borracha, plástico ou confeccionados com papel machê ou biscuit).
- Flores e frutas secas.
- Peixes, carnes e frangos de brinquedo: de borracha, plásticos ou confeccionados com papel machê ou biscuit.
- Dinheiro de faz de conta.
- Carteiras.

- Balança.
- Barbante, pregador e papéis para prender preços.
- Encartes de propaganda de hortifruti.
- Canetas para marcar preços.
- Avental, lenço, boné.
- Jornais.
- Calculadoras.

Supermercado

Fonte: Escola Criarte - SP

- Embalagens de produtos diversos: alimentícios, limpeza, higiene.
- Caixa registradora.
- Calculadoras.
- Panfletos de propaganda de mercados.
- Carrinhos.
- Sacolas ecológicas.
- Caixas de papelão.
- Cartazes com preços.
- Etiquetas para marcar preço nos produtos.
- Dinheiro de faz de conta.

Casinha

Cozinha

Fonte: Escola Criarte - SP

- Fogões, pias, geladeira e armários. Pode-se improvisar a partir do mobiliário disponível.
- Utensílios diversos de brinquedo e de cozinha: talheres, copos, travessas, panelas, escorredor de louça, espremedor de batata, escorredor de macarrão, formas, bules.
- Aparelhos quebrados que não ofereçam risco: copos de liquidificador, mixer, batedeira, torradeira, sanduicheira.
- Livros de receitas.
- Medidores.
- Avental, toalhas, panos de prato.

- Esponja, palha de aço.
- Embalagens de produtos alimentícios de iogurte, caixa de ovos, leite, manteiga etc.
- Comidas, frutas: de brinquedo ou confeccionadas com papel machê ou biscuit.

A brincadeira pode ser incrementada oferecendo-se massinha para que as crianças simulem a preparação de alimentos.

Sala

- Almofadas.
- Aparelhos de telefone quebrados.
- Televisões confeccionadas com caixas de papelão.
- Tapete.
- Sofás feitos de sucata.
- Mesa e cadeiras.
- Agendas e blocos de anotações.

Quarto

- Tecidos, lençóis, cobertores.
- Almofadas.
- Colchonetes (para cama).

Banheiro

- Embalagens de produtos de higiene.
- Espelho.
- Esponja e touca de banho.
- Toalhas.
- Chuveiros: podem ser improvisados com sucata.

Lavanderia

- Pregadores e barbante para varal.
- Roupas de boneca.

- Embalagens de produtos de limpeza.
- Tábua de passar roupa.
- Ferro.
- Baldes.
- Tanque para lavar roupa: pode ser improvisado com sucata.

Bonecas

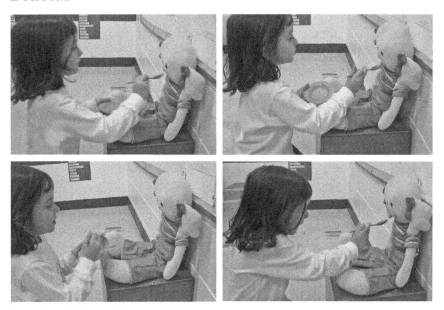

Fonte: Escola Criarte - SP

- Bonecas diversas.
- Banheiras, toalhas, embalagens de materiais de higiene.
- Carrinhos de boneca.
- Berços.
- Mamadeiras.
- Fraldas, babadores.
- Roupas de boneca, panos.

Restaurante/Pizzaria

- Mesas e cadeiras.
- Toalhas, pratos, copos, travessas, talheres.
- Cardápios de restaurante ou confeccionados.

- Bloco para anotação dos pedidos.
- Dinheiro de faz de conta.
- Embalagens de bebidas.
- Formas de pizza.
- Cortadores de pizza.
- Chapéu de cozinheiro.
- Avental.

A brincadeira pode ser incrementada, oferecendo-se massinha para que as crianças simulem a massa de pizza.

Praia/Acampamento

- Baldes de areia.
- Barracas de acampamento: podem ser feitas com tecidos.
- Roupas de banho.
- Chapéus, esteiras.
- Embalagens de protetor solar e repelente.
- Guarda-sol, pode ser substituído por guarda-chuva.
- Binóculos.
- Sacolas de praia, bolsas, mochilas.

Cabeleireiro

- Tesouras sem corte.
- Avental de salão de beleza.
- Chuveirinho, bacia.
- Grampos, elásticos, tiaras, faixas de cabelo.
- Pente, escova, bobes e grampos.
- Secador de cabelo quebrado.
- Espelho.
- Touca de banho.
- Perucas.
- Embalagens de xampu sem vidros e condicionador.
- Lixa de unhas e de pé.
- Vidros de esmalte.
- Algodão.
- Creme de barbear e pincel de barba.

- Toalhas.
- Maquiagem.
- Borrifador.
- Lista de serviços e preços.
- Revistas com modelos de cortes de cabelo.

Fonte: Escola Criarte - SP

Carrinhos

Fonte: Escola Criarte - SP

- Carrinhos de diferentes tamanhos, industrializados e produzidos com sucata.
- Motos, caminhões.
- Volantes.
- Posto de gasolina.
- Pistas e rampas: de madeira, papelão, traçadas com fita crepe no chão ou construídas na areia.
- Pontes e túneis: feitos de madeira, papelão ou papel.

Oficina de consertos

- Kit de ferramentas de brinquedo.
- Aparelhos quebrados.

Animais

- Animais de plástico ou borracha, de diferentes tamanhos, agrupados conforme suas características: selvagens, domésticos, dinossauros, marinhos, aves etc.

Fantasias

- Roupas.
- Sapatos.
- Tecidos diversos.
- Fantasias.
- Maquiagem.
- Espelho.
- Peruca.
- Adereços para cabelo.
- Chapéus.
- Bijuterias.
- Cinto.
- Máquina fotográfica e filmadoras quebradas ou feitas de sucata.

Fantoches/Teatro

- Fantoches e dedoches diversos, industrializados ou confeccionados com meias velhas e tecidos.
- Cenário para apresentação: pode ser produzido com caixa de papelão.
- Materiais diversos para sonoplastia: blocos de madeira, papéis que emitam diferentes sons, instrumentos musicais.
- Materiais não estruturados ou sucatas que sugiram histórias. Por exemplo, contar a história "O lobo e os sete cabritinhos" utilizando algodão e novelos de lã marrom.

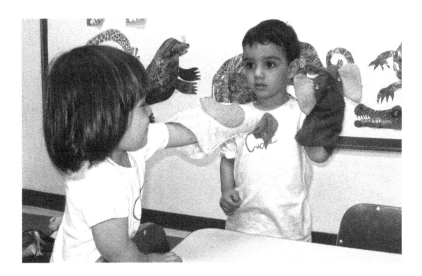

Miniaturas

O canto de miniaturas, como o nome sugere, requer a junção de objetos pequenos agrupados por tema. Há uma grande variedade disponível no comércio: animais, bonecos, cavaleiros, bonecas de pano... os cenários das brincadeiras podem ser enriquecidos com sucatas utilizadas para construir mobiliários diversos para as miniaturas.

Fonte: Escola Criarte - SP

b) Canto dos jogos

O canto dos jogos pode incluir uma grande variedade. Oferecer jogos industrializados, comprados no comércio ou confeccionados pelo educador com a contribuição das crianças.

É importante que as crianças saibam as regras de cada jogo. O educador pode estar ou não junto das crianças, mas é fundamental que saiba intervir quando perceber dificuldades. Algumas sugestões de jogos são:

- Trilha.
- Dama.
- Pega-vareta.
- Memória.
- Bingo.
- Dominó.
- Jogo da velha.

- Futebol de mesa.
- Futebol de botão.
- 5 Marias.
- Quebra-cabeça.
- Mosaico.
- Mico.
- Bolinhas de gude.

Fonte: Escola Criarte - SP

c) Canto da construção

As brincadeiras de construção são boas possibilidades para as crianças brincarem de construir o que desejarem. Nesse canto podem ser oferecidos desde objetos pequenos como peças de Lego, Pequeno Engenheiro, até objetos maiores como blocos de madeira de diversos formatos, adquiridos em marcenaria, caixas de papelão de vários tamanhos, caixas de leite preenchidas com jornal e encapadas, o que garante maior rigidez.

No desenvolvimento de brincadeiras de construção, o educador pode auxiliar as crianças na elaboração de seus feitos e registrar com imagens o processo de elaboração das construções para que as crianças revivam a experiência quando desejarem.

Fonte: Escola Criarte - SP

d) Canto de artes

O canto de artes pode oferecer diversas possibilidades: pintura, modelagem, desenho, impressão, colagem, dobradura. É fundamental que a livre expressão das crianças seja valorizada e não propor ou esperar delas, cópias e reproduções. O processo criativo varia muito para cada um, devendo haver tempo e material disponível para todos. Em caso de não se conseguir concluir o trabalho realizado, pode-se abrir a possibilidade de retomar no dia seguinte. A diversidade de materiais é fundamental, bem como a sugestão de novas possibilidades.

Sugestão de materiais:

- Tinta guache de cores variadas.
- Tinta para tecido.
- Tinta plástica ou tinta misturada com cola.
- Tinta nanquim.
- Cola branca.
- Cola bastão.
- Pincéis variados.
- Esponjas.
- Rolinhos.
- Escovas de dente.
- Palitos.
- Papéis de várias cores, tamanhos e oferecidos em mesas, cavaletes, paredes ou no chão.
- Lantejoulas.
- Gliter.
- Tesouras.
- Canetas hidrocor.
- Lápis de cor.
- Lápis de cor aquarelável.
- Carvão.
- Giz de cera.
- Giz pastel.
- Giz de lousa.
- Canetas esferográficas.
- Velas.
- Lixas.
- Bobinas de papel kraft.
- Papel micro-ondulado.
- Plásticos.
- Tecidos.
- Sucatas em geral.

e) Canto de materiais não estruturados

Proporcionar às crianças a produção de brinquedos e brincadeiras a partir de objetos pouco convencionais é a principal característica do canto de materiais não estruturados.

Segundo Klisys e Caluby (2004),

> (...) materiais que permitem diferentes utilizações como os de sucata são classificados, segundo Leontiev, como materiais de **largo alcance**, por oferecerem a possibilidade de mobilizar as mais variadas ações, durante as quais as crianças podem atribuir diversos significados, ao contrário dos brinquedos sugestivos como bonecas, panelinhas etc., que habitualmente são mais determinantes no curso da brincadeira".

Em outras palavras, favorecemos nesse tipo de brincadeira a invenção e a criação das crianças ao transformarem diferentes objetos em brinquedos e brincadeiras, já que o canto de materiais não estruturados é um espaço aberto à produção da cultura infantil a partir de pesquisas que as crianças realizam em suas relações com os materiais.

Essa gama de materiais pode ser muito ampla e é enriquecida pela criatividade na oferta de objetos diversos, que podem incluir desde sucatas que arrecadamos na própria instituição ou em nossas residências, até materiais utilizados para determinados fins, para serem oferecidos às crianças. Sucatas industriais ou próprias de materiais de construção também podem ser adequadas a essa brincadeira, mas vale lembrar que todos os materiais oferecidos devem passar por uma inspeção cuidadosa do adulto, removendo qualquer risco para as crianças, tais como: resíduos tóxicos, farpas, pontas e pregos, entre outros.

Entre as possibilidades de materiais para esse canto, podemos destacar, por exemplo:

- Sucatas diversas: caixas de papelão, caixas de alimentos, embalagens de produtos de higiene e limpeza, frascos lavados, potes diversos, tampas, lata, garrafas pet etc.

- Materiais industriais ou da construção civil: canos de PVC, latões, caixotes, sobras de madeira (blocos, ripas) etc.

- Outros: arames, rolhas, canudos, barbante, tecidos etc.

f) Canto de leitura

Um canto confortável e aconchegante é uma boa sugestão para acomodar um espaço destinado à leitura e apreciação dos livros. Colchonetes e almofadas são bem vindos. Outra sugestão para esse ambiente é o uso de tecidos para rebaixar o teto, tornando o canto ainda mais acolhedor.

Nesse canto, é fundamental que estejam disponíveis às crianças diversos gêneros textuais: contos modernos e clássicos, poesias, adivinhas, parlendas, biografias própriaz para crianças, cantigas etc.

Deixar as crianças manusearem os livros livremente é tão importante quanto, em alguns momentos, o educador partilhar as leituras com elas.

Fonte: Escola Criarte - SP

g) Canto de brincadeiras motoras

Brincadeiras motoras podem ser desenvolvidas com diferentes graus de dificuldade, conforme a faixa etária das crianças. Grandes formas de espuma podem ser utilizadas bem como colchonetes, cordas, cones, bancos, placas de borracha, pneus, bolas etc. Na verdade, os circuitos motores podem ser elaborados a partir do que a instituição infantil tem disponível, adaptando-se diferentes objetos e mobiliários, garantindo sempre a segurança das crianças.

Fonte: Escola Criarte - SP

5 Projetos e sequências de atividades: outra forma de organização do tempo

Maria Cláudia N. P. da Silva: Os projetos, assim como as sequências, são situações que demandam uma boa pesquisa para que eu possa realizá-los com meus alunos. Às vezes, fico pensando quem deve escolher o tema: eles ou eu. Na verdade, acho que aplico um pouco das duas opções. O difícil é equilibrar o que acho importante determinado grupo pesquisar com as pistas que os alunos me dão nas rodas de conversas e brincadeiras.

Realmente o trabalho com essas modalidades exige observação, reflexão e pesquisa. Por mais que o educador se baseie em uma boa referência, um projeto ou uma sequência de atividades só terá reflexo nas aprendizagens das crianças se forem considerados os seus conhecimentos prévios, e se houver análise e uma criteriosa escolha dos desafios que podem contribuir para os avanços. Não se trata, portanto, de reproduzir um modelo mecanicamente; o planejamento pressupõe provocações, a evocação de novos pensamentos e a possibilidade de as crianças viverem experiências diversificadas, assim como oportunidades para experimentarem os erros e a insistência na busca de soluções.

A questão de o assunto ser escolhido pelo professor ou pelas crianças é bastante recorrente. Devemos pensar sobre o significado dessas modalidades no trabalho para refletir sobre essa indagação.

Embora existam especificidades, tanto a sequência de atividades quanto o projeto visam dar contexto, continuidade e sentido às aprendizagens das crianças. Esse sentido, como já foi mencionado em outros momentos, emerge da escuta, pelo educador, das necessidades das crianças e da relação dessa escuta com aquilo que o projeto pedagógico e o currículo da instituição preconizam como valores e expectativas.

Nos últimos tempos, tem sido comum os educadores mencionarem a escolha dessas modalidades para desenvolverem o trabalho com as crianças. Todavia, algumas vezes, há uma evidente fragilidade quando eles têm de falar sobre a intencionalidade de determinada proposta. A ideia de que um projeto só surge do interesse das crianças precisa ser mais aprofundada nos contextos de Educação Infantil. O interesse não nasce apenas da sorte de observar uma borboleta adentrar a janela da sala ou porque alguma criança comentou um fato que o professor julgou interessante transformar em um foco de pesquisa. O interesse surge de provocações, de perguntas e curiosidades que as crianças manifestam para muitas coisas.

Os percursos e contextos oferecidos em um projeto podem tanto incentivar como limitar as experiências infantis. Às vezes, o educador afirma, com convicção, que se pauta em uma abordagem democrática e acha que, se não iniciar a sua pesquisa a partir do que a criança traz, irá ferir uma concepção de criança potente. Contudo, é possível observar que os planejamentos e as escolhas do educador, muitas vezes, baseiam-se em decisões exclusivamente do universo adulto. Dessa forma, a possibilidade de ter as crianças como protagonistas da própria aprendizagem fica comprometida.

As pistas que você menciona colher nas rodas de conversas ou brincadeiras são muito importantes. Capturar sinais, mesmo os mais sutis é uma forma de acolhimento e sustentação à atitude de pesquisa das crianças. A leitura dessas pistas só pode ser feita quando o educador, com a sua equipe de trabalho, discute, pensa e faz escolhas que consideram essa perspectiva de criança pesquisadora. O educador assume uma postura investigativa e tem o papel de dar visibilidade aos pensamentos das crianças e de expandi-los.

Em suma, penso que um projeto pode tanto nascer da escuta da criança – que se manifesta por meio das narrativas, perguntas, brincadeiras – em relação com os valores do projeto pedagógico e currículo da instituição, quanto daquilo que o educador considerou significativo para as crianças. Em ambos os casos, o essencial é atribuir protagonismo a todos os envolvidos e dar sentido às aprendizagens em cada situação planejada e vivida.

E claro, tornar cada vez mais iluminada a ideia da intenção, pois a escola é o lugar da aprendizagem, não do espontaneismo. Essa é a nossa responsabilidade.

A distinção entre projetos e atividades

> **Rosely Petri Sarmento**: Há algum tempo na formação continuada dos professores temos enfocado a organização do trabalho didático, de modo especial projetos e sequências de atividades, e tenho observado, com frequência, compreensões ambíguas dessas modalidades. Não é raro encontrar sequências de atividades intituladas como projetos e vice-versa. Nesse sentido, algumas propostas acabam me causando inquietações, afinal, ao utilizá-los o que o professor deve levar em consideração? Quais são as características básicas de cada qual?

Realmente tem sido comum observar os educadores, às vezes, confusos na nomeação de uma sequência de atividades ou de um projeto. Na maioria das vezes, um conjunto de atividades em torno de um tema já se transforma em um projeto. Contudo, há algumas diferenças e especificidades que tentarei tratar para responder essa questão.

Para iniciar, é importante apontar que ambas as modalidades de trabalho podem se tornar boas estratégias desde que garantam a diversidade e a continuidade no processo de aprendizagem das crianças e contemplem a proposição de bons problemas a serem resolvidos.

No caso da *sequência de atividades*, as situações planejadas visam promover aprendizagens específicas que o educador e a equipe da instituição julgam significativas e pertinentes para as crianças. Essa modalidade contempla, no planejamento de cada situação, desafios que ajudam as crianças a avançar de um estágio de conhecimento a outro. Se o educador tem como expectativa que os pequenos que nunca tiveram acesso aos livros se envolvam com a leitura de alguns gêneros literários, precisará planejar a escolha de tramas que possam lhes interessar, escolher referências que possam atrair, tanto pela beleza de algumas imagens como pela linguagem escrita, antecipar possibilidades de diálogos antes, durante e após a leitura. Enfim, precisará pensar em um encadeamento de intervenções que façam com que alguns comportamentos leitores sejam apropriados pelas crianças. O mesmo ocorre se o propósito é aproximá-las dos jogos com regras, como dominó, can-can, damas etc.

Para que ampliem suas experiências é necessário que o educador organize uma sequência de ações em que as crianças – em situações individuais, coletivas ou em subgrupos – ensaiem estratégias, errem, ganhem, acertem, perguntem sobre as regras e familiarizem-se com o jogo até aprofundarem seus conhecimentos. As escolhas do planejamento devem se pautar naquilo que o educador julga desafiador e que pode favorecer a oportunidade de estabelecer relações entre o que as crianças já sabem e o que podem aprender.

No decorrer de um ano podem ser desenvolvidas várias sequências de atividades. Tudo depende da escolha proposta pelo educador, baseado no currículo da instituição e das expectativas de aprendizagens que possui para seu grupo de crianças.

Sabemos que na Educação Infantil, o brincar é a principal atividade das crianças. O tempo todo, elas exploram objetos, inventam novas coisas, imitam situações, pessoas, transformam vassouras em meios de transportes, copos em telefones, bonecas e bonecos em filhos etc. Os objetos, nas mãos das crianças, ganham vida e novos sentidos, e fazem nascer narrativas.

Para que essas experiências se intensifiquem, é necessário que o educador esteja atento e planeje situações e cenários que alimentem ainda mais o imaginário infantil. Brincar não é uma ação inata, solta mas aprendida. É preciso que o educador se responsabilize pela proposição de um ambiente que ofereça novos desafios, que promova a interação entre pares e o diálogo com a cultura.

No próximo capítulo apresentamos uma sequência de atividades na área externa que carrega esses propósitos e que amplia essa sua questão.

Com relação ao projeto, muitos são os entendimentos na educação acerca desta modalidade. Segundo a pesquisadora Delia Lerner[6], a leitura, por exemplo, pode ganhar muito sentido quando contextualizada por meio dos projetos. As situações planejadas devem ser complexas e desafiadoras para as crianças e devem se organizar em torno de um propósito para a pesquisa. Há a consideração dos conhecimentos dos envolvidos, e os problemas propostos devem incentivar a indagação, o aprofundamento de argumentos e a ação por parte das crianças.

A característica principal do projeto é o processo de socialização dos propósitos com o grupo e seu envolvimento em grande parte das decisões acerca do seu desenvolvimento. Existe uma estreita relação entre os objetivos do educador e aquilo que foi traçado como meta de pesquisa com as crianças. Se elas, por exemplo, farão um reconto das histórias preferidas para outros grupos da escola, é importante que o professor as envolva em situações que favoreçam a apropriação de determinados conhecimentos para o reconto das narrativas para o público escolhido. Em cada momento do projeto, o educador adota uma postura que leva em consideração a pergunta das crianças, a possibilidade de confrontos de opiniões entre elas, a negociação conjunta no processo de socialização e a elaboração de sínteses dos conhecimentos para serem retomadas e discutidas posteriormente.

Algumas vezes, a expectativa fica mais centrada na elaboração de um determinado produto final, e isso é um risco. O plane-

---

[6] Professora de graduação e de mestrado nas universidades de Buenos Aires e La Plata. Delia Lerner também trabalha em uma escola de nível fundamental e é consultora de diversos projetos.

jamento de um projeto pressupõe etapas que favorecem a ampliação dos conhecimentos nas diversas linguagens e, desde seu princípio, deve contemplar bons problemas a resolver e oferecer condições para que uma experiência integrada e significativa fique registrada na memória das crianças. Não basta produzir um belo livro de poemas para ser arquivado ou esquecido no armário da sala. O mais importante é guardar, internamente, o sentido do esforço e da conquista de novos conhecimentos; guardar de verdade, assim como escreve o poeta Antonio Cícero.

Guardar

> Guardar uma coisa não é escondê-la ou trancá-la.
> Em cofre não se guarda coisa alguma.
> Em cofre perde-se a coisa à vista.
>
> Guardar uma coisa é olhá-la, fitá-la, mirá-la por admirá-la, isto é, iluminá-la ou ser por ela iluminado
>
> Guardar uma coisa é vigiá-la, isto é, fazer vigília por ela, isto é, velar por ela, isto é, estar acordado por ela, isto é, estar por ela ou ser por ela...

Na maioria das vezes, os projetos envolvem mais de uma área de conhecimento e isso também merece uma atenção importante. Às vezes, são tantas as áreas transitadas que o projeto perde a possibilidade de permitir a formação de conexões e sentidos; ao passar por tantos assuntos, não há aprofundamento dos conhecimentos das crianças e os conteúdos ficam, muitas vezes, no plano da superficialidade. A pesquisa do educador e o foco na ação com as crianças podem oportunizar muitas experiências desafiadoras; o menos, muitas vezes, pode ser mais, quando há clareza de intenções e condições didáticas para que as aprendizagens aconteçam.

Seguem algumas referências que devem ser consideradas no planejamento de um projeto:

- A concepção de criança que a instituição tem.

- As contribuições das diferentes linguagens e da didática.

- Os resultados das pesquisas sobre a aprendizagem.

- Os conhecimentos que as crianças apresentam.

- As possibilidades de interação entre as crianças no momento de realização das atividades.

- A seleção de atividades desafiadoras que promovam a reflexão das crianças e a diversidade de estratégias em suas produções.

- O caráter lúdico do pensamento infantil.

- A articulação entre os objetivos que se pretende atingir e a seleção das atividades.

- É importante considerar o planejamento como algo flexível, que incorpore as diversas observações do dia a dia do educador para a busca de soluções na forma de replanejamento.

A importância dos registros

Márcia Sebastião: Nas reuniões pedagógicas, os professores demonstram o interesse em diversificar os temas abordados em projetos ao longo do semestre. Porém, o desenrolar das atividades demonstra a preocupação com a produção das propostas e pouco com a fala das crianças e o sentido dos registros. Como organizar isso e quais os ganhos para as crianças ao participarem de propostas coletivas?

As ações de um bom projeto pressupõem a relação entre a escuta do que dizem, pensam e sentem as crianças com o planejamento do educador. A preocupação única com a produção de propostas, como é mencionado na questão, muitas vezes leva à mera execução de conteúdos e atividades.

Para que um projeto ganhe consistência e sentido para as crianças é importante que o educador incorpore permanentemente, em sua ação, a observação e a documentação do processo de pesquisa. Dessa forma, é possível compartilhar o percurso de cada criança, as estratégias adotadas para o enfrentamento de desafios, superar a fronteira dos fatos e assumir interpretações para a pesquisa de novos significados.

A discussão sobre uma mesma cena ocorrida pode gerar encaminhamentos muito ricos tanto para o processo de pesquisa da criança quanto para o do educador. Não se trata de buscar certezas, mas de, ganhar profundidade de análise de escuta, interpretação e comunicação dos desafios e conquistas vividos. O cruzamento de variados pontos de vista e o respaldo de contribuições teóricas fortalecem o olhar do educador e tornam o planejamento do projeto mais flexível, amplo e integrado.

O diálogo em torno dos percursos permite analisar como as intencionalidades estão se concretizando e quais novos sentidos podem ser atribuídos à ação educativa. Para subsidiar essa conversa, o educador deve coletar as narrativas das crianças, relacioná-las com a prática desenvolvida e a intenção que tinha ao propor determinada experiência. A encruzilhada de vozes das crianças e os significados interpretados devem sustentar as próximas escolhas do educador em seu planejamento.

Ao participar de situações coletivas, os ganhos das crianças são inúmeros. A socialização dos conhecimentos produzidos evidencia uma perspectiva de sujeito que se desenvolve na e pela interação com o outro.

O espaço educativo se legitima para as crianças e para toda a comunidade como o lugar onde se transmite e se constrói cultura. Ao explicitar processos, elas podem se colocar como protagonistas da própria aprendizagem e viver a experiência de observação e desenvolvimento de gestos, pensamentos, conflitos, debates, acordos, sínteses etc. Podem, com isso, aprender a rever posturas, atualizar conhecimentos, fazer novas escolhas, explicitar o pensamento e ampliar as construções narrativas. Olhar para a experiência do outro permite alargar a compreensão sobre o mundo e sobre si mesmas.

A continuidade na participação em situações coletivas colabora para a formação de uma comunidade de pesquisadores e para que os envolvidos façam da curiosidade o motor de sua aprendizagem. Ao dar visibilidade aos conhecimentos, o sujeito pode narrar seu pensamento e ativar processos metacognitivos. Dessa forma, a escola da infância transforma-se em um ambiente de interlocutores potentes para compreensões inéditas e inexploradas.

Ao debruçar-se sobre a observação e a documentação da experiência vivida, o educador delimita o foco de sua próxima intervenção e planeja perguntas, provocações que possam transformar os conhecimentos prévios das crianças e favorecer a construção de novas aprendizagens. Nesse processo, outras perguntas nascem, e inicia-se um novo ciclo de pesquisa.

Com isso, as crianças podem aprender que as construções humanas só foram possíveis porque a incompletude se fez presente naqueles que se dispuseram a fazer novas invenções. O fogo, o talher, a roda, o celular, o computador etc. Ao propor pesquisas sobre estas e outras invenções e abrir caminhos para as diversas compreensões das crianças, saberes inimagináveis podem ser conhecidos e a experiência pode tocar o sujeito para novas descobertas.

Formas de organização dos registros

Nas reuniões pedagógicas podem ser compartilhados vídeos das experiências das crianças, fotos e outras anotações feitas pelo educador que retratem os momentos vividos pelas crianças. O registro se transforma em um instrumento que documenta a história do grupo e da ação do professor. Não se trata de uma mera coletânea de materiais; há, por trás, funções educativas importantes, pois se favorece o conhecimento do percurso de crescimento das crianças, os valores, princípios do projeto pedagógico da instituição, o currículo em ação (por meio das decisões tomadas pelo educador), a explicitação dos processos de aprendizagem e a intencionalidade da escola no desenvolvimento de suas funções.

Algumas questões que podem servir de referência para os registros do educador

Quais são as experiências que vêm sendo ou serão proporcionadas para as crianças?

Quais são as hipóteses de planejamento que podem promover sentido às experiências?

Como relacionar a escuta com a intencionalidade nesse processo de trabalho?

Exemplos de registros de educadores que podem colaborar com o processo de documentação[7]

Mas, quando falo dessas pequenas felicidades certas, que estão diante de cada janela, uns dizem que essas coisas não existem diante das minhas janelas, e outros, finalmente, que é preciso aprender a olhar, para poder vê-las assim.
Cecilia Meireles

Vamos ajudar as crianças a olhar, a ver, a observar!!!

Conceito trabalhado: equilíbrio

Pauta para observação

Participação das crianças:
- Como exploraram os materiais?
- Elas interagiram entre si e conosco?
- Entenderam a consigna?
- As crianças foram inventivas ao transportar a água de um lado a outro? Ao tentar se equilibrar? De que maneira isso se deu?
- O que mais nos chamou a atenção?

---

[7] Registros elaborados pela educadora Silvia Macul Lopez, em parceria com Ana Paula Carrascosa, para discussão dos percursos das crianças e possíveis planejamentos de ações.

Organização prévia da atividade:

- Como organizamos a atividade? Essa organização ajudou ou prejudicou?

Relatos/intervenções nossas:

Outras reflexões pertinentes:

Objetivos da observação

Planejei a sequência de observações que são objeto desse relato, e que tiveram por objetivos principais verificar quais, dentre as atividades propostas, foram bem recebidas pelas crianças nessas semanas, quais as ações de exploração que podem se transformar em pesquisa e quais chamaram minha atenção e, finalmente, se haveria outras atividades e/ou intervenções a propor. As pautas foram preparadas tendo em mente, de um lado, a natureza das atividades programadas para aquele dia e, de outro, os objetivos da minha observação.

As perguntas que nos guiam para esta observação são:

- As crianças manifestaram interesse logo "de cara" na atividade proposta?
- Quanto tempo cada uma das crianças permaneceu na atividade?
- Quais pesquisas nos saltam aos olhos?

Foco de trabalho: equilíbrio/transporte de água

Quando oficinas de exploração (livres e dirigidas) são organizadas em espaços regulares de tempo, tendo por finalidade os aprendizados, os alunos, mesmo pequenos, adquirem a atitude que convém para experimentar e pesquisar.

Sendo adquirida esta última atitude (esta condição é importante), os alunos podem ser confrontados com situações chamadas aqui de "situações-problema": depois de levantada uma questão, **os alunos tateiam, procuram, experimentam para encontrar a melhor resposta.** É a atividade experimental que, sobretudo, comprova os métodos imaginados pelos alunos. Cada aula apresentada aqui traz a solução de uma situação-problema em que se deve transportar água da cuba de água (ou de uma bacia grande) para tigelas menores. As instruções são formuladas pelo professor (no começo) e, em seguida, pelas crianças. Elas aprendem rapidamente a lógica do módulo.

Após a fase de ação, as aulas terminam em uma recapitulação. Em cada caso, serão determinadas as aquisições que podem ser consideradas. Enfim, cada aula se prolonga pela elaboração de desenhos que os alunos fazem individualmente e cujas legendas ditam para o professor. É interessante fotografar os alunos em intervalos regulares, quando estão fazendo seus experimentos, pois essas fotos servem de suporte para as aulas de linguagem, que podem ter lugar em outro momento do dia. *Os desenhos e as eventuais fotos tiradas durante as atividades são colocados em um grande livro de experimentos, compilado em conjunto e colocado à disposição dos alunos, que sempre vão gostar de consultá-lo*. Essas extensões são importantes e podem ser introduzidas sistematicamente.

Para transportar a água, as crianças precisarão equilibrar o conteúdo dos copos (poderiam ser copos com água colorida para aparecer melhor nas fotos e possível vídeo) e a situação--problema aqui seria: como derrubar menos água para levá-la de um lugar a outro? Como o corpo se comporta nessa atividade? As crianças percebem que, dependendo do tipo de equilíbrio corporal, a água é mais bem transportada?

Justificativa

O que as crianças sabem sobre essa situação e as expectativas de aprendizagens em cada uma das atividades – o que acho que elas vão aprender?

Planejamento

O que acho que as crianças sabem sobre essa situação?

Por que essa situação promove uma aprendizagem significativa e como se dará a aproximação do conceito tratado?

O que acho que as crianças sabem sobre essa situação?

Equilíbrio com foco no circo

Aqui a ideia é focar o equilíbrio tendo como pano de fundo o universo do circo – as músicas, as brincadeiras e personagens.

Acredito que devemos tomar cuidado apenas para não fazer de todos os personagens e possibilidades do circo pesquisas para as crianças, pois podemos nos perder.

Devemos ter um foco, por exemplo, o equilibrista na corda. É claro que podemos investir nos personagens, porém, devemos perceber quais são as principais pesquisas das crianças e os problemas que encontram nos cenários montados.

"Por meio dos movimentos corporais, a criança interage e atua de forma dinâmica no ambiente físico e social. Entretanto, para que a criança possa agir, é necessário ter como suporte básico o equilíbrio corporal. O equilíbrio ou manutenção da estabilidade está relacionado ao balanceamento entre forças internas e externas, que agem no corpo durante a realização de ações motoras".

Movimento e produção de marcas – projeto de desenho

Objetivo:
- que as crianças explorem diferentes movimentos;
- que as crianças explorem diferentes suportes e materiais para a produção de marcas.

Outros objetivos:
- reconhecer suas próprias marcas e as do grupo;
- aprender/experimentar com os outros (relação);
- aprender, começar a fazer escolhas.

- Atividades realizadas e documentadas por nós:
- Desenho com canetinha na parede de azulejos.
- Desenho com carvão preto na folha branca.
- Desenho com giz branco na folha preta.
- Desenho no vidro.

Alguns registros para pensar na proposta do circo:

É interessante pensar no circo – quais as situações que envolvem equilíbrio?

Corpo e equilíbrio de objetos. Exemplos:

- Malabares – andar em diferentes velocidades, em chão duro, mole, e brincar nesses lugares (por exemplo, de pega-pega, de ver quem chega primeiro do outro lado etc.).

- Mudar a proteção dos pés, com sapato, sem sapato. Bailarina anda na ponta do pé, como bailarina. Repetir essas brincadeiras fazendo relação com o circo.

- Inserir brincadeiras de equilibristas mirins: lata de milho para pé de lata ou equilíbrio.

A força que eu faço para subir – as crianças descobrem quais são as partes do corpo que têm mais peso. O exercício irá ajudá-las a perceber como observar os objetos – largura, altura. Qual a parte do corpo usada para se equilibrar?

Projetos e sequências de atividades: outra forma de organização do tempo

As bolas e o universo do circo. Vamos encontrar focos!!

Vamos pensar nas movimentações das crianças! Um corpo que deseja e que sabe que é desejado/investido; que imagina, que pensa, que se coloca em situações diversas. As crianças têm se movimentado e se equilibrado de diversas maneiras – os cenários e objetos disponíveis lhes dão ideias e maneiras de como se movimentar. Um corpo que fala!!

Muitos problemas foram colocados para as crianças e criados por elas – caixas para entrar e sair, bancos para andar, para subir e para pular, bolas para jogar, para subir.

Identificar a situação-problema – áreas equilibradas e desequilibradas. Ajudar a criança a se conhecer e a conhecer o ambiente. Como a vida se comporta no ambiente – a vida, o corpo, o ambiente, o cenário etc. Observar a exploração do corpo no ambiente.

Condições de aprendizagem que essa situação proporciona.

Como os corpos se comportam em bases moles e em bases duras?

A variável é o meu corpo!! Em equilíbrio e em desequilíbrio. O que tenho que fazer para que eu consiga me equilibrar no banco mais largo e no banco mais estreito? Quais serão os problemas?

- No banco mais estreito – meus pés precisam se posicionar de maneira mais específica para conseguir passar.

- No banco inclinado – meu corpo precisa ajustar a concentração de massa para conseguir passar.

Bancos

1. inclinação

2. largura

Bolas grandes, altura maior: maior insegurança – ajuste, pois tem menos apoio.

Bolas menores – posso usar o chão como apoio fixo e ajuda para meu equilíbrio.

Caixas

- Nas caixas altas – preciso ter um apoio nas caixas, ajustar a concentração de massa.

- Nas caixas baixas – posso ter o apoio do chão.

  altura
  tamanho

Pensar em uma justificativa, um objetivo, um conceito envolvido e em uma sequência provável de atividades.

6 Alguns modelos de sequências de atividades e projetos: o que é importante considerar para promover aprendizagens

Neste capítulo foram selecionadas algumas referências de sequências de atividades e projetos para inspirar os educadores no desenvolvimento dessas modalidades. Vale ressaltar que se faz necessário considerar as realidades e os saberes que circulam em cada grupo de crianças, portanto, os princípios teóricos e as ações aqui retratadas precisam ser problematizadas e flexibilizadas com base no que sabem e pensam.

Sequência de atividades

Os pequenos no mundo do circo (1 a 2 anos)

Justificativa

Apesar de quase esquecido, o circo atrai muito as crianças. Seja pelos seus variados personagens, como o palhaço e a bailarina, seja por suas diversas atividades de movimento, esse universo "alimenta" o imaginário infantil.

Levando-se em consideração que as crianças de 1 a 2 anos estão voltadas para a exploração sensório-motora do mundo físico e que a aquisição da marcha é um dos aspectos centrais, atividades de movimento e exploração dos espaços externos relacionadas com o contexto cultural do circo podem ser bastante significativas para o desenvolvimento da expressão psicomotora.

> Aprendendo a andar, a criança vai libertar-se da sujeição ao adulto em que estava até então; isso aparece de uma maneira concreta quando a criança se diverte em fugir dos braços que lhe são estendidos.
>
> É extrema a importância desse progresso: até aí, a criança levada no colo ou carrinho, conhecia diversos espaços parciais justapostos, não coordenados. Deslocando-se de um lugar para outro, ela pode construir, com sua atividade, um espaço único no qual pode alcançar ou ultrapassar cada objeto, ir e vir, meio contínuo e homogêneo, e não mais somente ambiente fortuito do momento.[8]

Assim que aprende andar, a criança se entusiasma com as possibilidades de locomoção de um lado para o outro, muitas vezes, sem uma finalidade específica. Dessa maneira, ela vai aperfeiçoando seu andar, e se torna cada vez mais segura e estável para desenvolver outras ações, como correr e pular.

No que tange ao plano da consciência corporal, as crianças dessa faixa etária estão começando a reconhecer a imagem de seu corpo,

> o que ocorre principalmente por meio das interações sociais que estabelecem e das brincadeiras que fazem diante do espelho. Nessas situações, elas aprendem a reconhecer as características físicas que integram a pessoa, o que é fundamental para a construção de sua identidade.[9]

Portanto, a organização dos espaços por parte dos adultos com espelhos, panos e outros objetos relacionados ao mundo do circo é essencial nesse trabalho. Além, é claro, das interações que devem estabelecer nas diferentes propostas com os bebês.

---

[8] WALLON, Henri. *Psychologie et dialectique*. Paris: Messidor/Ed. Sociales, 1990, p. 145 (coletânea organizada pôr Émile Jalley e Liliane Maury). Tradução de Maria Ermantina Galeão Gomes Pereira e Isabel Galeão.

[9] Referencial Curricular Nacional para a Educação Infantil. *Conhecimento de Mundo*. v. III. p. 23, 1998.

Outro aspecto a ressaltar nessa faixa etária é o desenvolvimento da linguagem. Começa a aparecer, então, a objetivação de seus desejos.

> A permanência e a objetividade da palavra permitem à criança apartar-se de suas motivações momentâneas, prolongar na lembrança uma experiência, antecipar, combinar, calcular, imaginar, sonhar, a linguagem, com a marcha, abre à criança um mundo novo, mas de outra natureza: o mundo dos símbolos.[10]

Planejar ações que contemplem as possibilidades de comunicação oral, como as apreciações de músicas, imagens, textos, as conversas, brincadeiras voltadas ao contexto do circo, ajudará também no processo de desenvolvimento da fala e da capacidade simbólica, ampliando de maneira significativa os recursos intelectuais da criança.

Diante das características desta faixa etária apontadas é importante ressaltar que os espaços devem ser organizados sempre com mais de uma proposta, de preferência com brincadeiras interativas que explorem experiências diversas, colocando em destaque, a expressão psicomotora dos bebês e dando ênfase à conquista de novos movimentos.

Objetivos

- Familiarizar-se com a imagem do próprio corpo.

- Explorar as possibilidades de gestos e ritmos corporais para expressar-se nas brincadeiras e nas demais situações de interação.

---

[10] WALLON, Henri. *Psychologie et dialectique*. Paris: Messidor/Ed. Sociales, 1990, p. 145 (coletânea organizada pôr Émile Jalley e Liliane Maury). Tradução de Maria Ermantina Galeão Gomes Pereira e Isabel Galvão.

- Deslocar-se, com destreza progressiva, no espaço, ao andar, correr, pular etc., desenvolvendo atitude de confiança nas próprias capacidades motoras.

- Explorar e utilizar os movimentos de preensão, encaixe, lançamento etc., para uso de objetos diversos.

- Participar de variadas situações de comunicação oral, para interagir e expressar desejos, necessidades e sentimentos, por meio da linguagem.

Conteúdos

1. Reconhecimento progressivo de segmentos e elementos do próprio corpo por meio da exploração, das brincadeiras, do uso do espelho, de outros objetos e da interação com os outros.

2. Expressão de sensações e ritmos corporais, por meio de gestos, posturas e da linguagem oral.

3. Exploração de diferentes posturas corporais, como sentar-se em diferentes inclinações, deitar-se em diferentes posições, ficar ereto na planta dos pés, com ou sem ajuda.

4. Ampliação progressiva da destreza para deslocar-se no espaço por meio da possibilidade constante de arrastar-se, engatinhar, rolar, correr, saltar etc.

5. Aperfeiçoamento dos gestos relacionados com a preensão, o encaixe, o lançamento etc., por meio da experimentação e da utilização de suas habilidades manuais nas diversas situações relacionadas ao circo.

Sequência provável de atividades

1º dia

- Contextualizar a proposta com o auxílio de uma caixa com imagens de personagens e atividades de circo ou alguns objetos que representem esse universo. Ouvir as experiências das crianças, interagir com falas e formas de brincadeiras com os objetos escolhidos (nariz de palhaço, cordas, guarda-chuva etc.).

2º dia

- Apresentação da proposta para as crianças com auxílio da caixa. Retirar de dentro roupas de palhaço. Vestir algumas fantasias nas crianças, fazer nariz de palhaço em cada uma com a maquiagem e propor brincadeira de caretas em frente ao espelho.

- Ir ao espaço externo e deixar as crianças brincarem livremente nas seguintes propostas: túnel de bambolês para engatinharem por baixo, circuito com um escorregador, pneus para andarem de gatinho ou em pé, se conseguirem, teia de elástico para abaixarem ou pularem por cima e alguns obstáculos de espumas.

- Enfeitar todo espaço com panos coloridos para que fique parecido com um circo.

3º dia

- Apresentar o poema do palhaço e deixar exposto na sala ao lado da imagem que foi apresentada no primeiro dia.

- Tirar da caixa narizes de plástico de palhaço e distribuir um para cada criança. Com uma música que represente o circo, realizar movimentos em frente a um espelho para que tentem imitar (pisar em uma corda com os braços abertos, andar com as duas mãos no chão, realizar trajetos com alguns obstáculos de espuma, dentre outros).

- No espaço externo, organizar novamente o túnel de bambolês e um trajeto com vários obstáculos, para que possam percorrer andando.

4º dia

- Relembrar o poema do palhaço. Assistir ao vídeo *O circo*, de Charlie Chaplin <http://www.youtube.com/watch?v=08nZ2vs ZHL8&feature=related>. Entregar uma caixa para cada uma com alguma fantasia de circo dentro.

- Vesti-las para brincarem no espaço externo. Neste, organizar as seguintes propostas: bambolês com imagens de personagens de circo, que serão aleatoriamente dispostos no pátio para que as crianças arremessem bolas de meia; montar uma rampa inclinada com vários colchões ao lado para que tentem subir e descer em pé, engatinhando ou sentadas.

5º dia

- Retirar da caixa fantasias, vesti-las nas crianças e realizar movimentos característicos de cada personagem (palhaço: pular, dar cambalhotas; bailarina: girar, levantar as pernas etc.; mágico: movimentar os braços etc.). Oferecer fantasias para cada uma, para que explorem movimentos em frente ao espelho.

- Confeccionar, com papelão, personagens de circo, com espaço para as crianças colocarem seus rostos (os personagens devem ter altura aproximada à delas, como naqueles dos parques de diversão). Organizar um trajeto diferente para que coloquem os rostos em cada personagem. Por exemplo, para que cheguem até o corpo de papelão da bailarina, terão de pisar sobre uma corda e passar por obstáculos de elástico; para chegarem ao corpo do palhaço, terão de descer e subir uma rampa do modo que conseguirem.

6º dia

- Organizar um cenário de teatro de sombras com um lençol branco e abajur e apresentar todos os personagens de circo (com apoio musical), realizando diferentes movimentos. Em seguida, deixar as crianças brincar livremente com os fantoches que serão confeccionados com papel cartão preto e colados em palitos de sorvete.

Alguns modelos de sequências de atividades e projetos

As demais atividades serão planejadas a partir das observações do movimento do grupo a serem realizadas.

Outras orientações

- Construir, com tecidos coloridos, uma tenda de circo que possa ficar permanentemente no espaço da sala.

- Confeccionar perucas de palhaço com meias-calças velhas e lã (solicitar doações aos pais de retalhos de lã e meias-calças velhas).

- Providenciar tecidos e tules para confeccionar fantasias simples de palhaços, bailarinas, mágicos, dentre outros personagens.

- Colocar na sala imagens relacionadas ao mundo do circo, por exemplo, do artista Alexander Calder.

- Realizar a maior parte das atividades de movimento no espaço externo da sala.

- Assistir ao vídeo *O circo de Soleil* e pesquisar possibilidades de ação com as crianças.

- Pesquisar músicas de circo para colocar nas diferentes propostas de movimento e brincadeiras.

- Providenciar colchões que possam também ser usados no espaço externo.

- Observar as ações das crianças diante das propostas para pensarmos no planejamento de novos desafios.

Bibliografia recomendada para a realização dessa sequência de atividades

WALLON, Henri. **Psychologie et dialectique**. Paris: Messidor/Ed. Sociales, 1990, p. 145 (coletânea organizada pôr Émile Jalley e Liliane Maury).

Referencial Curricular Nacional para a Educação Infantil. **Conhecimento de Mundo**. v. III, 1998.

GALVÃO, Izabel. **Henri Wallon: uma concepção dialética do desenvolvimento infantil**. Petrópolis: Editora Vozes, 1995.

GALVÃO, Izabel. **Expressividade e emoções segundo a perspectiva de Wallon**. In ARANTES, Valéria Amorim. Afetividade na escola: alternativas teóricas e práticas. São Paulo: Summus, 2003.

Sequência de atividades: Brincadeiras na área externa[11] (1 a 2 anos)

Justificativa

Toda brincadeira, embora seja atividade livre e espontânea da criança, não é natural: ninguém nasce sabendo brincar, aprende-se na cultura. Por isso, é fundamental a presença atuante do adulto ao ensinar brincadeiras tradicionais, apoiar as iniciativas de brincar das crianças, selecionar, organizar e disponibilizar brinquedos adequados, interessantes e ricos em possibilidades.

A intervenção intencional baseada na observação do brincar das crianças, oferecendo-lhes materiais adequados e diversificados para incrementar a brincadeira, assim como um espaço estruturado, permite o enriquecimento das competências imaginativas e organizacionais infantis e amplia as possibilidades de interação entre as crianças em todo o percurso de simbolização, desde a imitação até o faz de conta.

Objetivos para o professor

1. Construir um ambiente lúdico que incentive a criança a ter atividades lúdicas.

---

[11] Lucila de Almeida, educadora de Educação Infantil e estudiosa do brincar é autora desta sequência de atividades.

2. Observar, registrar e planejar situações das crianças durante o brincar para enriquecer seus momentos de jogos e brincadeiras.

3. Cuidar da preparação do espaço/ambiente.

4. Intervir nas interações lúdicas para garantir sua continuidade quando notar que a criança precisa de conhecimento específico para que a brincadeira prossiga.

5. Auxiliar a criança na escolha de utensílios para o incremento do jogo.

Conteúdos para o professor

1. Organização do espaço para brincar

2. Participação do professor junto às brincadeiras ora atuando, ora observando o grupo.

3. Observação, registro e planejamento de situações voltadas ao brincar.

Orientações para o professor

• A participação do professor durante as brincadeiras é importante em todas as atividades, pois permite que as crianças ampliem suas condições na brincadeira nos diferentes assuntos (casinha, passeios etc.), ampliem seus gestos e linguagem oral, entre outros tantos ganhos.

• Com a constância das brincadeiras, as crianças adquirem muitas condições para que sozinhas também possam inventar outras ações. Não esquecer que, mais presente do que o adulto, deve ser a criança que brinca, pois, muitas vezes, a intervenção do adulto é tão determinante que acaba por conduzir as ações das crianças até a brincadeira acabar.

O que queremos que as crianças aprendam ou vivenciem?

- Momentos de brincadeiras na área externa do parque do CEI.

- Ampliação dos movimentos, gestos e falas das crianças durante a brincadeira.

- Diferentes espaços para que a brincadeira aconteça na área externa de maneira intencional.

- Diferentes escolhas para as crianças durante o horário de parque (casinha, circuito, livre, corrida etc.).

- Interação das crianças por meio da brincadeira.

Conteúdos para o grupo de crianças

- Organização do espaço para brincar com a ajuda dos adultos.

- Participação em brincadeiras organizadas previamente pelo professor.

Materiais necessários

- panos, tules, fantasias, kit casinha, kit salão de beleza, objetos não estruturados, jornal, papel cartão, elástico, colares, pulseiras, jornal amassado para fazer frutas (se possível frutas de plástico), bacias, barbantes, prendedor de roupa, roupas de bonecas e embalagens de lavanderia.

Atividades possíveis

Atividade	Orientações didáticas
Lavanderia	
• Montar um canto de lavanderia no pátio, utilizando barbante para varal, roupas de boneca, bacia (com ou sem água) e embalagens como caixas de sabão em pó vazias, amaciante etc.	• Organizar o espaço de modo que as crianças possam se movimentar livremente por ele. • Selecionar o maior número possível de materiais que "provoquem" e ampliem os conhecimentos das crianças sobre o tema. • Brincar com as crianças, atuando com papéis diversos; lavando e verbalizando suas ações, dobrando a roupa, organizando um canto para passar.
Cabana	
• Com a ajuda do grupo, organizar algumas cabanas para brincar. • Conversar e discutir com o grupo sobre o uso das cabanas (podem ser casas do lobo, esconderijos de príncipes e princesas, casa da bruxa etc.) • Se necessário, fantasiar-se para brincar.	• Utilizar tules e roupas diversas, assim como outros adereços para se fantasiar. • Separar os panos (chitas) antecipadamente, avisando o restante da equipe sobre o uso para esta atividade. • Deixar que as crianças levantem suas hipóteses sobre o melhor uso para as cabanas. • Repetir esta atividade em outros momentos.
Casinha com piquenique	
• Contar para as crianças que farão uma brincadeira de casinha e piquenique no pátio gramado, e perguntar o que querem levar para brincar e como podem organizar o espaço. • Montar o espaço para brincadeira aproveitando aquele previamente organizado pela professora.	• Organizar parte do espaço previamente (separar kit de casinha e algumas sucatas do supermercado, panos para forrar o chão, algumas cabanas para casinha etc.). • Observar como as crianças atuam, se trazem elementos do dia a dia, se dependem muito da presença do adulto etc.

Atividade	Orientações didáticas
Circuito pela floresta	
• Organizar um circuito pelo pátio gramado, utilizando bancos compridos do refeitório, mesas para passar por baixo, panos, cordas e outros objetos. • Ainda na sala, contar para o grupo que farão um passeio diferente pela floresta (dizer que há um rio e que entrarão em um barco, passarão pelo caminho do lobo etc.). • Durante o percurso, narrar os caminhos, por exemplo: "Vamos entrar no barco para encontrar o caminho do lobo", "cuidado gente, o lobo deve estar aqui perto." etc.	• Montar o circuito antecipadamente prevendo quais são os desafios possíveis para o grupo. • Não se preocupar se as crianças fazem outro percurso. O mais importante é que elas se divirtam e explorem o espaço organizado como outro espaço para brincar. • Garantir que as crianças possam vivenciar o circuito como um elemento lúdico.
Barco dos piratas	
• Na sala, contar uma história sobre piratas (inventar e contar de boca). • Em seguida, contar que há um barco de piratas ancorado na creche/escola e propor a brincadeira. • Deixar que naveguem no barco e sigam em busca do tesouro.	• Com panos e tules, organizar um barco. • Fazer tapa-olhos e espadas de jornal para brincarem. • Sugerir que amarrem tules na cabeça para imitar bandanas. • Separar bijuterias do kit salão de beleza para colocar no baú de tesouro. • Separar uma caixa bem bonita para que seja o baú. • Fazer um mapa para brincarem e depois sugerir que elas próprias façam seus mapas nas próximas brincadeiras. • Ampliar as condições do grupo, propondo ações que, por ventura, sozinhas, ainda não saibam realizar, como "Vamos ver, no mapa, onde está escondido o baú".

Alguns modelos de sequências de atividades e projetos

Registro de brincadeiras[12]

Turma: 5 anos
Duração: 2 meses e meio
Periodicidade: 2 vezes por semana
Principal área: Linguagem oral – texto oral com destino escrito

Justificativa

Este projeto de brincadeiras cantadas pretende ajudar as crianças a avançarem em seus conhecimentos a respeito da linguagem oral, eixo essencial na Educação Infantil, e, sobretudo, ampliar suas experiências com o brincar.

Muito antes de saber ler e escrever convencionalmente, quando imersas em um contexto de práticas sociais de leitura e escrita, as crianças são capazes de produzir textos sem saber escrever convencionalmente. Diante disso, poderão vivenciar, neste projeto, o papel de escritoras nas situações em que deverão elaborar um texto oral com destino escrito e de leitoras quando presenciarem diversas situações de leitura pelo professor. Nas rodas de leitura poderão colocar em jogo todos os seus saberes sobre a língua, tendo assim, maior conhecimento e domínio sobre ela.

Objetivos

- Desenvolver a linguagem oral por meio da participação das crianças nas conversas cotidianas, situações de escuta de histórias, músicas, regras de brincadeiras etc;

- Ampliar as experiências de brincadeiras;

- Resgatar brincadeiras cantadas da comunidade por meio da pesquisa e/ou convite para brincar na escola;

- Conhecer novas brincadeiras;

- Produzir textos orais com destino escrito: procedimentos de algumas brincadeiras para elaboração de um livro.

---

[12] Regina Galvani Cavalheiro desenvolveu este projeto em uma escola da rede pública da cidade de São Paulo.

Conteúdos

- Leitura e escrita pelo professor;

- Texto oral com destino escrito;

- Valorização da leitura como fonte de prazer e informação.

Orientações

- Observar e experimentar diferentes brincadeiras;

- Socializar em rodas de conversas suas experiências com brincadeiras cantadas;

- Apresentar textos de livros, revistas, encartes etc. de brincadeiras com regras e orientações de como se brinca; materiais, disposição dos participantes e espaço físico a ser utilizado;

- Promover situações de escrita coletiva de textos explicando como se brinca;

- Listar brincadeiras conhecidas e já experimentadas;

- Socializar, em momentos de pátio com as outras turmas, as brincadeiras do projeto;

- Socializar livro com outras turmas da escola;

- Promover situações com pais, funcionários, etc. para participarem do projeto.

- Revisar oralmente os textos ditados;

Sequência provável das atividades

Atividade 1

- Roda de conversa para apresentação da proposta;

- Levantamento oral das brincadeiras conhecidas.

Atividade 2

- Lista escrita das brincadeiras conhecidas;

- Brincadeira "no símbolo da cruz";
- Roda de conversa sobre a experiência vivida no pátio: quem apreciou ou não, a posição de cada um na brincadeira, os gestos, a música cantada etc.

Atividade 3

- Roda de conversa;
- Apreciação do CD *Abre a roda Tin Do Lê Lê*;
- Leitura de texto instrucional de uma brincadeira;
- Realização da brincadeira;
- Registro da nova brincadeira na lista do grupo.

Atividade 4

- Roda de conversa: retomada da experiência anterior;
- Leitura pelo professor de uma nova brincadeira;
- Experimentar a brincadeira.

Atividade 5

- Ditado das crianças para a escrita de bilhete destinado aos pais convidando-os para virem brincar na escola;
- Revisão do texto ditado pelas crianças e distribuição dos bilhetes para as famílias.

Atividade 6

- Leitura de vários textos de brincadeiras em diferentes portadores: calendários, encartes de CDs ou DVDs, fichas etc.;
- Conversa sobre a escrita dos textos lidos e levantamento de algumas características para a escrita dos textos do próprio grupo para o Livro de Brincadeiras.

Atividade 7

- Retomada das partes necessárias para a produção do livro do grupo: capa, índice, ilustrações, texto, autor, ilustrador, apresentação;
- Lista das brincadeiras que serão reescritas;
- Escolha do título do livro.

Atividades 8 a 14

- Reescrita das brincadeiras;
- Revisão dos textos;
- Ilustração de cada brincadeira.

Atividade 15

- Escrita do índice do livro com o grupo.

Atividade 16

- Escrita do texto de apresentação do livro do grupo;
- Marcação das páginas com base no índice feito pelo grupo.

Atividade 17

- Confecção da capa e montagem final.

Atividade 18

- Lançamento do livro para a comunidade na exposição do final de ano da escola.

Sequência de atividade: Projeto Leitura de poemas para crianças pequenas[13]

Justificativa

Os poemas servem para emocionar, divertir e fazer pensar por meio das mais belas palavras. Ao apresentarmos esse texto para as crianças estamos despertando o sentimento pelo belo e contribuindo com novas referências de comunicação oral.

O ritmo dado à sonoridade das palavras e às pausas que dão musicalidade ao poema e as rimas presentes em alguns poemas, deixam as crianças literalmente encantadas e dispostas a reproduzir oralmente esses textos. E se o professor der oportunidades, podem criar outros a partir das referências apresentadas.

---

[13] Projeto escrito por Clélia Cortez para o Projeto Entorno/Fundação Victor Civita.

Este projeto é um convite para que as crianças conheçam alguns elementos que compõem o texto poético e também pensem em parceria com seus educadores em algo que possa transformar os conhecimentos adquiridos em situações comunicativas carregadas de sentido, como um sarau para os outros grupos da escola, um CD com os poemas mais interessantes etc.

Objetivos com as crianças

- Ampliar as possibilidades de comunicação e expressão por meio dos poemas.

- Familiarizar-se com a escrita por meio do manuseio de livros de poemas.

- Apreciar a leitura de poemas realizada pelas professoras.

- Escolher livros de poesia para ler e apreciar.

- Conhecer e reproduzir oralmente poemas selecionados pela educadora.

- Selecionar e escolher poemas para serem socializados em DVD, saraus etc.

- Compartilhar com as famílias o trabalho realizado por meio do empréstimo do material produzido (CD, livro etc.).

Objetivos dos educadores

- Oferecer um variado repertório de poemas às crianças (diferentes autores da literatura infantil, tais como Cecília Meirelles, Manuel Bandeira, Fernando Pessoa e José Paulo Paes, dentre outros).

- Selecionar e ensaiar previamente os textos que serão lidos para as crianças.

- Repertoriar as crianças com variados textos poéticos (com rimas ou não).

- Organizar o espaço, de forma que as crianças sintam-se confortáveis e convidadas a ocupar o papel de leitoras.

- Realizar, todos os dias, a leitura de um texto poético e escolher alguns para ficarem expostos no painel de textos da sala.

- Ajudar na produção ou reescrita de alguns poemas, mudando as palavras rimadas por outras, substituindo por nomes das crianças do grupo etc.

- Ajudar as crianças na seleção dos poemas que serão socializados com a comunidade.

- Organizar a gravação dos textos escolhidos com as crianças

Conteúdos

- Participação em situações de leitura de poemas feitas pelo professor.

- Participação em situações em que os alunos sejam os leitores, ainda que não convencionalmente.

- Reprodução oral de textos poéticos.

- Produção de texto oral com destino escrito (situações nas quais as crianças ditam para o professor os textos que já conhecem ou que serão produzidos).

- Observação e manuseio de materiais impressos: livros de poemas, textos poéticos expostos na sala.

Algumas orientações

- Deixar os livros de poemas nos cantos de leitura da sala.

- Ao expor os textos no painel, cuide para que o ambiente não fique muito poluído. Três por vez, em uma ou duas semanas, são o suficiente. Lembre-se: recorrer diariamente a eles é uma ótima oportunidade para que as crianças possam reproduzi--los oralmente sozinhas.

Alguns modelos de sequências de atividades e projetos 141

- Sempre que apresentar um novo poema, retomar os que já foram apresentados para observar se as crianças se lembram.

- Se o produto final do projeto for uma gravação, combinar com as crianças o que e como falarão os poemas (jogral, individualmente, musicalizado...).

- Se o professor for gravar os poemas, deixar as crianças ouvirem a produção de suas vozes e dizer que, se por acaso houver algum erro, é possível retomar de onde pararam.

Sequência provável de atividades

1. Levantar os conhecimentos das crianças sobre o texto poético. Para tanto, apresentar o poema "As meninas" do livro *Ou isto ou aquilo*, de Cecília Meirelles e perguntar se conhecem algum parecido. Apresentar mais dois exemplos do livro e, por fim, mostrar que podemos brincar com as palavras, substituindo no texto "As meninas" expressões que rimem com nomes das crianças. Por exemplo: "Arabela abria a janela..." por Isabela e Gabriela abriam a janela...

2. Ateliês de poemas. Organizar cantos com livros de poemas e compartilhar leituras com as crianças. Deixar os livros na biblioteca da sala para permanecerem expostos.

3. Leitura de alguns poemas dos livros da sala. Escolher um poema para deixar no painel de textos. Escrever à mão ou digitar, na presença das crianças, o poema escolhido.

4. Escolher um poema com rima, ler para as crianças e retirar algumas palavras para que elas tentem substituir por outras.

5. Apresentação do livro *Você troca?* de Eva Furnari e produzir outro texto com as crianças, substituindo algumas palavras por outras. O texto desse livro costuma provocar muitas gargalhadas e é um verdadeiro convite à criação!

6. Combinar com as crianças o que será feito com tudo que estão aprendendo. Ou seja, escolher o produto final. Oferecer alguns modelos para ajudar na escolha: escutar um CD de poemas ou apresentar outros materiais já produzidos.

7. Escrever com as crianças um bilhete explicando aos pais o projeto que está sendo desenvolvido e solicitar a contribuição de textos poéticos que conheçam ou livros que possuam.

8. Apresentar em transparências ou em cópias coloridas alguns poemas do livro infantil "Antologia Poética" e deixar que as crianças imaginem como será o texto apresentado. Fazer o registro das falas e, em seguida, ler o texto original em voz alta para o grupo.

9. Socializar os materiais enviados pelas famílias e deixá-los expostos no painel de textos da sala.

10. Selecionar com as crianças alguns poemas preferidos para digitar, ilustrar e organizar uma pasta de empréstimo. Se o grupo de crianças for numeroso, pode-se fazer duas ou três pastas para que não haja muita espera. Sugestão: cada criança pode ficar dois dias com a pasta de textos.

11. Escolher de 8 a 10 poemas, no mínimo, para compor o produto final. Falar que não tem importância se errarem, pois é possível gravar novamente, no entanto, para gravar, é importante que saibam o poema de cor.

12. Gravar, escutar e regravar se for necessário.

13. Ouvir o CD, na íntegra, e organizar um índice com os títulos dos poemas escolhidos.

14. Organizar uma lista para empréstimo. Se o produto for um CD, pode-se gravar um para cada criança. Além de o custo ser baixo, possibilita que cada uma aprecie em outros momentos a produção da qual fez parte.

15. É interessante também que as crianças escolham outro grupo da escola para presentear com o CD, socializar alguns poemas e inspirar a realização deste trabalho com a escola toda.

Sugestões de livros de poesias

BANDEIRA, Manuel. **Antologia poética**. Rio de Janeiro: Nova Fronteira, 2001.

PESSOA, Fernando. **Comboio, saudade, caracóis**. São Paulo: FTD, 1988.

ORTHOF, Sylvia. **A poesia é uma pulga**. São Paulo: Atual, 1991.

MEIRELLES, Cecília. **Ou isto ou aquilo**. Rio de Janeiro: Nova Fronteira, 2002.

FURNARI, Eva. **Você troca?** São Paulo: Moderna Editora, 1991.

LISBOA, Henriqueta. **Poemas para a infância**. Rio de Janeiro: Ediouro.

PAES, José Paulo. **Poemas para brincar**. São Paulo: Ática, 1990.

PAES, José Paulo. **Rimas no país das maravilhas**. São Paulo: Ática, 2003.

Sequência de atividades de leitura

Compartilhar uma história já é uma forma de leitura. O fato de a criança ainda não saber ler convencionalmente não significa que não possa presenciar as mais variadas situações de leitura. Desde pequenas, as crianças devem sentir-se motivadas a ler, precisam perceber a leitura como um desafio "interessante e divertido, que lhes permita serem mais autônomas".

Faz-se muito necessário, em um trabalho com leitura, ter na sala um espaço para biblioteca em que a criança possa apreciar livremente os livros disponíveis. Nessa situação, o educador é intermediário para a criança e o livro, tendo claro que o que interessa são o prazer pela leitura e o afeto que a envolve.

Tal espaço deve ser acessível a todos, com a presença intensa do educador que lê para o grupo, para algumas crianças, para ele etc.

Objetivos

- Contribuir para que as crianças pequenas possam apreciar o momento de sentar e ouvir histórias lidas pelos educadores.

- Favorecer a aproximação com a linguagem escrita, por meio da escuta das histórias e do reconto dessas histórias com o apoio das imagens e do educador.

- Organizar momentos de leitura livre, nos quais o educador também leia para si.

- Possibilitar às crianças as escolhas de suas leituras e o contato com livros, de forma que possam manuseá-los.

- Possibilitar regularmente às crianças o empréstimo de livros para levarem para casa.

- Organizar com as crianças um espaço permanente para leitura.

Conteúdos

- Participação nas situações em que os adultos leem para as crianças.

- Participação nas situações em que as crianças leem, ainda que de forma não convencional.

- Reconto oral de histórias com apoio na linguagem que usa para escrever.

- Empréstimos de livros.

- Leitura como atividade permanente.

Materiais utilizados

- Tecido branco ou cru (cortar pedaços de 30 × 30 cm), em quantidade que corresponda ao número de crianças, para confecção do tapete da biblioteca. Pintar com tinta de tecido ou giz pastel para tecido (ver orientações de uso na caixa).

- Tule ou retalhos coloridos.

- Cartolina, sulfite ou papel de computador para confeccionar os envelopes de empréstimo.

Sequência provável de situações

Situação 1

- Apresentação de uma história: *A bruxa Salomé*, de Audrey Wood.

  Orientações para o educador

  1. Ler antes a história para imitar a voz de cada filho, da bruxa, da mãe...

  2. Não substituir nenhuma palavra do texto e lê-lo na íntegra.

  3. Ao ensaiar a leitura, escolher passagens no texto que possam gerar expectativa, surpresa, hipóteses. Por exemplo: "Será que esta bruxa sem pé vai conseguir entrar na casa das crianças?"; "E agora, será que ela vai mastigar cada uma e a pobre mãe ficará sem seus filhos?" Relembrar o que cada um dos filhos queria de presente e relacionar com o que a bruxa transformou as crianças.

- Sugestões de conversas com as crianças, com apoio do livro; se possível, com mais de um exemplar circulando entre o grupo:

  1. Deixar que uma criança escolha uma imagem do livro para comentar. Esperar as outras localizarem a página escolhida antes de iniciar a conversa.

  2. Perguntar o que mais apreciaram na história, se ficaram com medo da bruxa Salomé.

  3. Comentar trechos que podem gerar bons "bate-papos". Por exemplo: "Como será que essa bruxa perdeu o pé?"; "O que vocês achavam que ia acontecer depois que a bruxa reuniu toda aquela comida e colocou em sua carroça?"; "Vocês acreditam que a bruxa afogou-se e morreu naquele rio?".

Atenção: vale lembrar que o importante é deixar as crianças falarem à vontade sobre suas hipóteses, conclusões em relação aos textos. O objetivo não é a interpretação, mas a explicitação do prazer e envolvimento que a leitura gerou.

Situação 2

- Ler novamente o livro *A bruxa Salomé* e voltar ao início da história para que as crianças façam o reconto oral com a ajuda das ilustrações.

- Falar sobre a proposta de montar um cantinho permanente de leitura na sala para deixar esse e outros livros. Escolher um lugar na sala e deixar o livro já lido. Pode ser em uma caixa, em uma estante já disponível etc.

Situação 3

As crianças bem pequenas costumam apreciar muito o livro *Bruxa, bruxa venha à minha festa*. Essa é uma boa dica para quem quer observá-las literalmente envolvidas com a leitura.

- Apresentar o livro *Bruxa, bruxa, venha à minha festa*, de Arden Druce.

- Reapresentação, desde o início, para que recontem, com o auxílio das ilustrações. Dica: deixar a criança que estiver recontando com o livro nas mãos.

- Deixar o livro no espaço reservado para a biblioteca do grupo.

Situação 4

- Organizar um espaço com tules, tapetes, almofadas e formar cantos de leitura. Compartilhar as leituras que as crianças escolherem.

- o espaço da biblioteca na sala deve ser permanente e poderá conter almofadas, envelopes para organizar o empréstimo de livros, dentre outros.

Algumas indicações

- BUARQUE, Chico. **Chapeuzinho Amarelo**. 13. ed. Rio de Janeiro: José Olympio, 2003.

- DAVENIER, Christine. **Léo e Albertina**. São Paulo: Brinque – Book, 1998.

- FURNARI, Eva. **Bililico**. Belo Horizonte: Formato, 2006.

- FURNARI, Eva. **Cocô de passarinho**. São Paulo: Companhia das Letrinhas, 1999.

- PAES, José Paulo. **Poemas para brincar**. São Paulo: Ática, 1998.

- PAIXÃO, Fernando. **Poesia a gente inventa**. São Paulo: Ática, 2010.

- WOOD, Audrey e Wood. **O rei Bigodeira e a sua banheira**. São Paulo: Ática, 1996.

- WOOD, Audrey e Wood. **O ratinho, o morango vermelho maduro e o grande urso esfomeado**. São Paulo: Brinque Book, 1984.

Situação 5

- Apresentação do livro *Macaco danado*, de Julia Donaldson e Axel Scheffler.

- Dicas de conversas com as crianças.

  - Como será que este macaquinho perdeu a sua mãe?

  - Deixar as crianças anteciparem qual animal pode ser a mãe do macaquinho segundo a borboleta, a partir da ênfase dada à leitura da última frase, por exemplo: "Não voa, pois não tem asas nem penas. Minha mãe pula e salta apenas...". Quem será que a borboleta está achando que é a mãe do macaquinho?

  - Confeccionar com as crianças um tapete para biblioteca (cada criança pode ganhar um pedaço de tecido para pintar na própria instituição ou levar para casa e confeccionar com a família; depois, é só compor o tapete da biblioteca do grupo com o pedaço de cada um).

Situação 6

- Apresentação do tapete, deixá-lo em um canto fixo;

- Colocar o nome do canto "BIBLIOTECA" e combinar que ali ficarão todos os livros lidos para o grupo.

- Fazer alguns combinados para o uso.

- Apresentar os livros lidos e organizá-los no espaço.

- Falar sobre o empréstimo de livros. Confeccionar envelopes e deixá-los próximo da biblioteca para controle de quem levou para casa ou devolveu os livros, com as respectivas datas. Sugestão: cada criança pinta seu envelope e o nome é escrito. Cada livro deve ter também um envelope atrás com uma ficha com o título do livro. A criança, assim que escolher, deve colocar essa ficha em seu próprio envelope.

Situação 7

- Redação de um bilhete para os pais tratando do empréstimo de livros. Combinar que o primeiro empréstimo poderá ser feito com eles.

- Cantos de leitura com livros, de preferência que as histórias sejam já conhecidas pelas crianças.

- Deixar as crianças escolherem livremente as histórias e incentivar que recontem oralmente, com base nas imagens, umas para as outras.

Indicações

ADANS, GEORGE. **Livro de histórias**. São Paulo: Companhia das Letrinhas, 2007.

DONALDSON, Julia; SCHEFFLER, Axel. **O filho do Grúfalo**. São Paulo: Brinque-Book, 2006.

DRUCE, Arden. **Bruxa, bruxa venha a minha festa**. São Paulo: Brinque Book.

GORBACHEV, Valeri. **Tico e os lobos maus**. São Paulo: Brinque Book.

GRÁBAN, Quentin. **Nestor**. São Paulo: Brinque Book.

KING, Stephen Michael, **Pedro e Tina**: uma amizade muito especial. São Paulo: Brinque Book, 1999.

WOOD, Audrey. **A casa sonolenta**. São Paulo: Ática, 1999.

WOOD, Audrey. **A bruxa Salomé**. São Paulo: Ática, 1996.

WOOD, Audrey e Don. **Rápido como um gafanhoto**. São Paulo: Brinque-Book, 1982

Situação 8

- Lançamento da biblioteca: apresentar o espaço da biblioteca montado. Relembrar o processo de construção, os envelopes de empréstimo, falar sobre alguns livros expostos, o empréstimo e tudo que foi realizado.

- Realizar o primeiro empréstimo de livros com os pais.

- Dica: registrar todo o processo de trabalho com as crianças e o dia do primeiro empréstimo de livros.

Bibliografia recomendada para elaboração desta sequência de atividades

BRASIL. Ministério da Educação e do Desporto. Referencial Curricular Nacional para a Educação Infantil. v. 3. Brasília: MEC, 1988.

7 Conclusão: um convite à ação

Encerrarei esta conversa com uma inquietação comum destas educadoras, e suponho que de tantos outros também: como contribuir com a transformação de concepções e práticas que desvalorizaram a cultura da infância?

Na experiência de organizar as ideias deste livro, deparei-me com várias questões comuns entre os educadores. Embora estejam distantes geograficamente, a organização do tempo, do espaço, o lugar e momento da intervenção e a importância do brincar foram indagações recorrentes. Mesmo que o número de educadores aqui representados seja pequeno, não raro, questões semelhantes a estas são mencionadas em contextos de formação e são foco das discussões daqueles que se preocupam com a qualidade das ações desenvolvidas com as crianças.

A transformação de concepções e práticas em torno destas e outras questões é um desafio a ser enfrentado cotidianamente pelos educadores e por aqueles que se responsabilizam por suas formações.

Desenvolver práticas que respeitem e coloquem em evidência o pensamento e expressão da criança exige o mergulho em reflexões sobre o planejamento e a ação e, sobretudo, sobre as concepções que estão por trás dessas escolhas.

A inquietação, muitas vezes explicitada, é legítima. No entanto, há que se compreender que mudanças estruturais demandam, além de tempo, continuidade em um processo de estudo e reflexão sobre as práticas. Julgar as ações dos profissionais como certas ou erradas não é o melhor caminho para promover transformações. Uma concepção só pode de fato ser pensada e apropriada quando o educador toma consciência do seu papel profissional e passa a se distanciar de uma postura até então centrada no "piloto automático".

Para que essa perspectiva de criança potente, questionadora e viva seja respeitada, o educador precisa se arriscar e envolver-se nos percursos de pesquisa elaborados por ela, e oferecer contextos que potencializem a experiência criativa presente no ato de conhecer.

Não se trata de colocar à disposição os melhores modelos de práticas para que sejam copiados. Falo de um educador autônomo que sustenta cada uma de suas ações em reflexões teóricas e está constantemente disponível para mudanças. As boas referências práticas devem apoiar o processo de construção do próprio planejamento e iluminar novas perspectivas de ação.

Criar um contexto de sentido e rico em conexões, em que as crianças estabeleçam relações entre as aprendizagens, lidem com contrapontos, desdobrem pensamentos e deem continuidade ao interminável ato de aprender, exige a criação de um projeto pedagógico e de um currículo que sustentem permanentemente tudo isso. Nada poderá ser criado com solidez se não existirem pontos localizadores para nortear as decisões dos educadores.

O projeto pedagógico é uma espécie de "RG" da instituição, no qual são declarados seus valores, princípios de formação dos educadores, aspectos da gestão institucional, da proposta curricular. E o educador deve, o tempo todo, tomá-lo como base para as suas ações. Trata-se de um documento dinâmico e democrático que contempla as vozes de todos que se responsabilizam pela educação das crianças. Portanto, a equipe gestora deve criar condições para compartilhá-lo, pensá-lo permanentemente e relacioná-lo com as decisões do currículo.

As reflexões em torno desse projeto pedagógico e dos seus desdobramentos na ação curricular é o que confere marcas a uma instituição, e tais marcas constituem a identidade coletiva de um lugar e podem sustentar a necessidade de mudança com maior consistência. Portanto, não se trata de contar com a sorte de adquirir bons profissionais, é necessário criar um contexto permanente de formação que colabore com a construção de uma identidade profissional com base no projeto e que, ao mesmo tempo, respeite as subjetividades. Afinal, cada um tem tempo para se aproximar de um conhecimento e de atribuir sentido ao que está fazendo, mesmo que imerso em um contexto em que seus princípios são claramente declarados.

Envolver a equipe de educadores em um processo de formação que preconize a relação entre teoria e prática é um encaminhamento importante.

> Sabe-se hoje que apenas conhecer bem a teoria não conduz a uma mudança na prática; por outro lado, a prática sem um embasamento teórico não possibilita a autonomia profissional, muito menos favorece a criação de soluções singulares aos problemas que emergem. (CARVALHO; AUGUSTO, KLISYS, 2006, p. 73)

Assim como não basta copiar modelos, por melhores que sejam, também não é suficiente abastecer os profissionais com todos os conhecimentos atualmente disponíveis sobre o pensamento da criança pequena. Essa tão almejada transformação se dá à medida que o educador se envolve com busca de soluções para os problemas que sua ação cotidiana lhe coloca e realiza uma reflexão teórica para sustentar suas decisões. Trata-se de uma relação bastante estreita entre teoria e prática, em que cada ação e gesto tem uma proximidade intensa com a criança e abre novos horizontes para a construção de novos conceitos. ■

Referências bibliográficas

BOFF, Leonardo. **O cuidado essencial**: princípio de um novo ethos. *Inclusão Social*, v. 1, n. 1, 2005.

CORSARO, William. **Sociologia da infância**. Porto Alegre: Artmed, 2011.

DELGADO, Ana Cristina C.; MÜLLER, Fernanda. Em busca de metodologias investigativas com as crianças e suas culturas. **Cadernos de Pesquisa**, v. 35, n. 125, maio/ago. 2005.

FREIRE, Madalena. **Grupo; indivíduo, saber e parceria**: malhas do conhecimento. São Paulo: Espaço Pedagógico, 1994.

FORTUNATI, Aldo. **A educação infantil como projeto da comunidade**. Porto Alegre: Artmed, 2009.

GALVÃO, Izabel. Wallon e a criança, esta pessoa abrangente. **Revista Criança**, n. 33, MEC/SEC, 1999.

GALVÃO, Izabel. Expressividade e emoções segundo a perspectiva de Wallon. In ARANTES, Valéria Amorim. **Afetividade na escola: alternativas teóricas e práticas**. São Paulo: Summus, 2003.

HELD, Jacqueline. **O imaginário no poder: as crianças e a literatura fantástica**. São Paulo: Summus, 1980.

OLIVEIRA-FORMOSINHO, Julia (org.). **O espaço e o tempo na pedagogia-em-participação**. Porto: Porto Editora, 2011.

CARVALHO, Silvia Pereira; AUGUSTO, Silvana; KLISYS, Adriana. (orgs.). **Bem-vindo, mundo!** Criança, cultura e formação de educadores. São Paulo: Peirópolis, 2006.

VECCHI, Vea. Estética y Aprendizaje (prefácio). IN: HOYUELOS, Alfredo. **La estética em el pensamiento y obra pedagógica de Loris Malaguzzi**. Barcelona: Octaedro, 2006. Tradução livre.

WALSH, Daniel; GRAUE, M. Elizabeth. **Investigação etnográfica com crianças**: teoria, método e ética. Lisboa: Fundação Calouste Gulbenkian, 2003.

Referências sobre formação e brincar

ALARCÃO, Isabel. **Formação Reflexiva de professores**. Porto: Porto, 1996.

BRASIL. Ministério da Educação e do Desporto. **Referencial Curricular Nacional para a Educação Infantil** – v. 3. Brasília: MEC, 1998.

SCARPA, Regina. **Era assim agora não... Uma proposta de formação de professores leigos**. São Paulo: Casa do Psicólogo.

BROUGERE,Gilles. **Brinquedo e Cultura**. 8. ed. São Paulo: Cortez, 2010.

CARDOSO, Beatriz e orgs. **Ensinar: tarefa para profissionais**. Rio de Janeiro: Record, 2007.

CARVALHO, Silvia Pereira; KLISYS, Adriana; AUGUSTO, Silvana. **Bem-vindo, mundo!** Criança, cultura e formação de professores. São Paulo: Peirópolis, 2006.

FRIEDMANN, Adriana. **Brincar, crescer e aprender – O resgate do jogo infantil**. São Paulo: Moderna, 2005.

FRIEDMANN, Adriana. **A arte de brincar**. 2. ed. Petrópolis: Vozes, 2004.

MEIRELLES, Renata. **Giramundo e outros brinquedos e brincadeiras**. São Paulo: Terceiro Nome, 2007.

MOYLES, Janet R. **Só brincar?** O papel do brincar na Educação Infantil. Porto Alegre: Artmed, 2002.

OLIVEIRA, Zilma de M. Ramos. **Jogo de Papéis - um olhar para as brincadeiras infantis**. São Paulo: Cortez, 2011.

VYGOTSKY, L. S. **A formação social da mente**. São Paulo: Martins Fontes, 1984.

ZABALZA, Miguel A. **Qualidade em educação infantil**. Porto Alegre: Artmed, 1998.

Anexos

Indicações literárias para as crianças

ADAMS, Georgie. *Chapeuzinho Vermelho*; *O homem-bolo*; *Os três bodes da montanha*. In: **Livro de histórias**. São Paulo: Cia das Letrinhas, 2004.

BAETEN, Lieve. **A bruxinha curiosa**. São Paulo: Brinque Book, 2009.

BAETEN, Lieve. **O aniversario de Nita**. São Paulo: Brinque-Book, 2009.

BELINKY, Tatiana. **Dez Sacizinhos**. São Paulo: Paulinas, 2007.

_____ . **Ratinho Manhoso**. São Paulo: Moderna Editora, 1994.

BUTTERWORTH, Nick. Coleção: **Pedro, o guarda do parque**. São Paulo: Callis.

CAMARGO, Luis. **Maneco Caneco chapéu de fuzil**. São Paulo: Ática, 2008.

_____ . **Bule de café**. São Paulo: Ática, 1991.

_____ . **Panela de arroz**. São Paulo: Ática, 2011.

_____ . **O Grande Rabanete**. São Paulo: Moderna Editora, 1999.

CAPUTO, Natha e BRYANT, Sara Cone. **Historinhas de contar**. São Paulo: Cia. das Letrinhas, 1999.

CLARK, Emma Chichester. **Chega de beijos**. São Paulo: Salamandra, 2001.

COUSINS, Lucy. **Mimi Miau e Beto Bicudo**. São Paulo: Ática, 1996.

D'HEUR, Valerie. **O beijo**. São Paulo: Brinque-Book, 2002.

DRUCE, Arden. **Bruxa, Bruxa, venha a minha festa**. São Paulo: Brinque-Book, 1995.

FAULKNER, Keith. **A girafa que cocoricava**. São Paulo: Cia. das Letrinhas, 2001.

_____. **O pinguim preocupado**. São Paulo: Cia. das Letrinhas, 1998.

_____. **O porco Narigudo**. São Paulo: Cia. das Letrinhas, 2000.

_____. **O sapo bocarrão**. São Paulo: Cia. das Letrinhas, 1996.

_____. **O ursinho apavorado**. São Paulo: Cia. das Letrinhas, 2000.

FRIES, Claudia. **Um porco vem morar aqui**. São Paulo: Brinque-Book, 2000.

FURNARI, Eva. **Bililico**. Belo Horizonte: Formato, 2006.

_____. **Cocô de passarinho**. São Paulo: Cia. das Letrinhas, 1999.

HARRISON, Joanna. **Quando mamãe virou um monstro**. São Paulo: Brinque-Book, 1996.

HETZEL, Graziela. **Orelhas de abano**. Belo Horizonte: Formato, 1999.

HOLZWARTH, Werner. **Da pequena toupeira que queria saber quem tinha feito cocô na cabeça dela**. São Paulo: Cia. das Letrinhas, 2010.

JOLLEY, Mike. **Glunter: A história de um porco insuportável**. São Paulo: Brinque-Book, 1999.

JOLY, Fanny. **Quem tem medo de bruxa?** São Paulo: Scipione, 2000.

_____. **Quem tem medo de dentista?** São Paulo: Scipione, 2000.

_____. **Quem tem medo de dragão?** São Paulo: Scipione, 2001.

_____. **Quem tem medo de escuro?** São Paulo: Scipione, 2000.

_____. **Quem tem medo de extraterrestres?** São Paulo: Scipione, 2011.

_____. **Quem tem medo de fantasmas?** São Paulo: Scipione, 2000.

_____. **Quem tem medo de lobo?** São Paulo: Scipione, 2001.

_____. **Quem tem medo de mar?** São Paulo: Scipione, 2010.

_____. **Quem tem medo de monstros?** São Paulo: Scipione, 2010.

_____. **Quem tem medo de tempestade?** São Paulo: Scipione, 2000.

LAGO, Ângela. **A festa no céu**. São Paulo: Melhoramentos, 2007.

LESTER, Helen. **Vitória da preguiça**. São Paulo: Ática, 2002.

MACHADO, Ana Maria. **Maré baixa, maré alta**. São Paulo: Global, 2002.

MACHADO, Ana Maria. **Menina bonita do laço de fita**. São Paulo: Ática, 2004.

MARIJANOVIC, Stanislav. **Pequeno manual de monstros caseiros**. São Paulo: Cia. das Letrinhas, 1998.

MAYO, Margareth. **Como contar crocodilos: Histórias de bichos**. São Paulo: Cia. das Letrinhas, 2004.

MCBRATNEY, Sam. **Adivinha quanto eu te amo: o livro fofinho**. São Paulo: Martins Fontes, 2011.

MCKEE, David. **Elmer, o elefante xadrez**. São Paulo: Martins Fontes, 2009.

MERTENS, Dominique. **Eu sou Marvin, eu sou valente!** São Paulo: Martins Fontes, 2002.

MINARIK, Else Holmelund. *Caixa:* **O Ursinho, Papai Urso volta para casa e A visita do Ursinho**. São Paulo: Cia. das Letrinhas, 2000.

PORTER, Sue. **Lindos sonhos**. São Paulo: Ática, 1997.

ROCHA, Ruth. **Quem tem medo de monstro?**. São Paulo: Global, 2001.

ROSEN, Michael. **Dorminhoco**. São Paulo: Brinque-Book, 1999.

ROSS, Tony. **João Preguiçoso**. São Paulo: Martins Fontes, 1990.

SCHLOSSMACHER, Martina. **A galinha preta**. São Paulo: Martins Fontes, 2005.

TRISH, Cooke e OXENBURY, Helen. **Tanto, tanto**. São Paulo: Ática, 1997.

VELTHUIJS, Max. **A galinha vermelha**. São Paulo: Martins Fontes, 1999.

WADDELL, Martin. **Você e eu, Ursinho!** São Paulo: Brinque Book, 2008.

WENINGER, Brigitte. **Olha o que você fez, Peteco!** São Paulo: Ática, 1998.

WOOD, Don; Aldrey. **Meus Porquinhos**. São Paulo: Ática, 1999.

_____. **O rei Bigodeira e sua banheira**. São Paulo: Ática, 1996.

_____. **A casa sonolenta.** São Paulo: Ática, 1999.

_____. **A história do Pequeno Pinguim**. São Paulo: Ática, 1998.

_____. **O ratinho, o morango vermelho maduro e o grande urso esfomeado**. São Paulo: Brinque-Book, 1984.

Poesias

Poemas com sol e sons. São Paulo: Melhoramentos, 2004.

ALBAULT, Corinne e ARNOUD, Sophie. **Rima pra cá, Rima pra lá: histórias, rimas, canções e cia**. São Paulo: Cia. das Letrinhas, 2002.

BANDEIRA, Manuel. *Trem de ferro, Balada do rei das sereias, O porquinho da Índia*. In: **Berimbau e outros poemas**. Rio de Janeiro: Nova Fronteira, 2006.

COORD, Vera Aguiar. "Chatice". In: **Poesia fora da estante**. Porto Alegre: Editora Projeto, 2000.

LALAU e LAURABEATRIZ. **Brasileirinhos – poesia para os bichos**. São Paulo: Cosac & Naify, 2001.

MACHADO, Duda. **Histórias com poesia, alguns bichos e Cia**. São Paulo: Editora 34, 1997.

MEIRELES, Cecília. *O chão e o pão. A flor amarela. A moda da menina trombuda. Uma palmada bem dada. Último Andar. Tanta Tinta.* In: **Ou isto ou aquilo**. Rio de Janeiro: Nova Fronteira, 2002.

MORAES, Vinícius de. *Pinguim, As Borboletas, O Elefantinho. A casa*. In: **A arca de Noé**. São Paulo: Cia. das Letrinhas, 2004.

OLIVEIRA, Marcelo R. L. *Lágrimas de crocodilo*. In: **Nós e os Bichos**. São Paulo: Cia. das Letrinhas, 2002.

Relação de sites para consulta[14]:

www.fundabrinq.org.br

www.educarede.org.br

www.caleido.com.br

www.projetobira.com

www.abrinquedoteca.com.br

www.faced.ufba.br

www.fundabrinq.org.br

www.crmariocovas.sp.gov.br

www.terrabrasileira.net

www.mec.gov.br

www.escolaoficinaludica.com.br

www.saltoparaofuturo.org.br

www.releituras.com

www.sandraguinle.com.br

---

14 Pesquisa realizada por Renata Frauendorf para o Programa Formar em Rede-Instituto Avisa Lá. SP.